꼭 알아야 하는 과학 지식

앤 루니 글 | 낸시 버터워스 그림 | 이정모 옮김 | 권경아 감수

그린북

원더풀 생물 81

초판 1쇄 발행 2024년 9월 9일

지은이 앤 루니
그린이 낸시 버터워스
옮긴이 이정모
감수자 권경아

펴낸이 윤상열 **기획편집** 서영옥 최은영 김민정 **디자인** 공간42 **마케팅** 윤선미 **경영관리** 김미홍
펴낸곳 도서출판 그린북 **주소** 서울시 마포구 방울내로11길 23 두영빌딩 3층
전화 02-323-8030~1 **팩스** 02-323-8797
이메일 gbook01@naver.com **블로그** blog.naver.com/gbook01

81 Mind-Blowing BIOLOGY FACTS
Copyright © Arcturus Holdings Limited
www.arcturuspublishing.com
All rights reserved.
This edition published by arrangement with Icarias Agency, Seoul
© 2024 Greenbook Publishing Co. for the Korean edition

이 책의 한국어판 저작권은 Icarias Agency를 통해 Arcturus Holdings Limited와
독점 계약한 도서출판 그린북에 있습니다. 저작권법에 의하여 한국 내에서
보호를 받는 저작물이므로 무단 전재와 복제를 금합니다.

ISBN 978-89-5588-483-8 74400
ISBN 978-89-5588-463-0 (세트)

* 도서출판 그린북은 미래의 나와 즐거운 세상을 만들어 가는 콘텐츠를 만듭니다.
* 도서출판 그린북은 독자 여러분의 소중한 의견과 원고를 기다립니다.
* 잘못 만들어진 책은 구입하신 곳에서 바꾸어 드립니다.

KC마크는 이 제품이 공통안전기준에 적합하였음을 의미합니다.
제조국: 대한민국 사용 연령: 8세 이상
책장에 손이 베이지 않게, 모서리에 다치지 않게 주의하세요.

신비로운 생물의 세계에 온 것을 환영해요!

식물이 먹힐 위험에 처하면 서로에게 신호를 보낼 수 있다는 걸 알고 있나요?
세상에서 가장 큰 생물이 버섯의 일종이라는 것은요?
아니면 뱀이 공식적으로 다리가 4개라는 사실은요?

생물학은 생물을 연구하는 학문이며, 지구상의 모든 생물은 생물학자들에게는 모두 소중한 연구 대상이에요. 그중 일부는 거칠고 엉뚱한 것들이죠. 이 책은 여러분을 놀라게 하고 매료시키기 위해 특별히 고른, 놀랍고 입이 떡 벌어지는 생물학 지식들로 가득 차 있어요. (몇몇은 여러분을 그냥 웃게 만들 테지만요.)

이 책에는 깊이 생각하고 토론할 만한 흥미로운 사실이 많아요.
과학 상식으로 친구와 가족에게 깊은 인상을 줄 수도 있을 거예요.
모기가 윙윙거리는 소리를 듣거나 공룡의 세계로 시간 여행을 떠날 때,
배운 지식을 유용하게 사용할 수도 있을 거예요.

이 책을 어떤 방식으로 읽어도 좋아요.
처음부터 쭉 읽어도 되고, 가장 흥미로운 부분을
찾아가며 읽어도 돼요. 선택은 여러분의 몫이에요.
또한, 책에는 그림도 많아요. 몇 개는 사실적이지만
대부분은 재미있고 기발하여 깔깔 웃으면서
생물을 배울 수 있을 거예요.

생물학에 빠져들 준비가 되었나요?
페이지를 넘겨 보세요!

차례 Contents

머리말 ···3

1. 톡토기에는 정말 스프링이 있다 ···6
2. 버섯은 식물이 아니라고? ···8
3. 스테고사우루스와 티렉스는 만난 적이 없다 ···10
4. 파란색을 좋아하는 바우어새 ···12
5. 가장 큰 생물은 버섯이라고? ···14
6. 먹으면 죽는 버섯 ···15
7. 진딧물은 1년에 지구 인구보다 더 많은 새끼를 낳을 수 있다 ···16
8. 알을 낳는 포유류 ···18
9. 아기는 성인보다 뼈가 더 많다고? ···20
10. 아기 머리에 있는 구멍 ···21
11. 심장은 평균적으로 일생 동안 20억 번 박동한다 ···22
12. 꿀은 절대 상하지 않는다고? ···24
13. 달팽이는 3년 동안 잠을 잘 수 있다고? ···26
14. 거대한 나무는 대부분 물과 공기로 만들어진다 ···28
15. 한때 6m까지 자란 거대 곰팡이들 ···30
16. 흙 한 티스푼에는 수 km의 곰팡이 가닥이 들어 있다 ···31
17. 뱀은 공식적으로 다리가 4개라고? ···32
18. 한때 육지에 살았던 고래 ···34
19. 고래가 우제류로 분류된다고? ···35
20. 식물을 잠들게 할 수 있다 ···36
21. 친척을 알아보는 식물 ···37
22. 부화한 후 몸집이 10,000배까지 자라는 공룡도 있었다 ···38
23. 알이 하나의 세포라고? ···39
24. 높은 소리를 내는 모기 ···40
25. 바셀린으로 식물을 죽일 수 있다고? ···42
26. 목이 없는 물고기 ···44
27. 꿀은 꿀벌의 '토사물'이다! 으! ···46
28. 사람이 볼 수 없는 것을 보는 벌 ···47
29. 돌고래와 고래는 털을 가지고 태어난다고? ···48
30. 일부 포유류는 새끼를 주머니에 넣어 키운다 ···49
31. 고래 1마리 = 나무 20그루 ···50
32. 달에 사람 똥이 있다고? ···52
33. 미생물의 거의 절반은 땅 깊은 곳에서 산다 ···54
34. 추위를 좋아하는 박테리아가 남극 얼음 밑에 살고 있다 ···55
35. 생물량의 1만 분의 1을 차지하는 인간 ···56
36. 거미와 오징어의 피는 파랗다고? ···58
37. 푸른 피가 없는 정맥 ···59
38. 바퀴벌레는 머리가 없어도 살 수 있다고? ···60
39. 순록의 눈은 겨울에 황금색에서 파란색으로 변한다 ···62
40. 상어를 등 긁는 도구로 사용하는 참치 ···64
41. 내 몸의 절반은 내가 아니다 ···66

42 귀뚜라미로 온도를 알 수 있다고? ···68
43 사람은 태어나기 전에는 꼬리가 있다 ···70
44 꿀벌은 전기가 통한다고? ···72
45 새로운 불가사리로 자라는 불가사리 다리 ···74
46 꼬리를 잘라 낼 수 있는 도마뱀 ···75
47 잘게잘린 해면동물은 스스로 다시 조립할 수 있다고? ···76
48 넙치는 두 눈이 몸 한쪽에 있다 ···78
49 왼쪽과 오른쪽이 없는 불가사리 ···79
50 나무의 가장 오래된 부분은 한가운데다 ···80
51 사자는 대부분 게으르다고? ···82
52 대부분 새것인 우리 몸 ···84
53 포식자는 다른 포식자를 좀처럼 잡아먹지 않는다 ···86
54 모든 네발 동물은 물고기에서 진화했다고? ···88
55 새똥 때문에 전쟁이 일어날 뻔한 사건 ···90
56 게는 새로운 말미잘을 만들 수 있다고? ···92
57 부동액을 사용하는 북극 물고기 ···94
58 차가운 말미잘은 얼음 밑에서 거꾸로 산다 ···95
59 '미친 모자벌레'는 자신의 남은 머리를 쌓아 무섭게 보인다고? ···96
60 해면동물은 자기가 어떻게 생겼는지 모른다 ···98
61 산호에게 좋은 서식지가 되는, 물에 잠긴 비행기 ···100
62 아침에 키가 커진다고? ···102
63 사람은 기린만큼이나 목뼈가 많다 ···103

64 아래를 내려다보며 헤엄치는 물고기 ···104
65 지구에는 우리 은하인 은하수의 별보다 더 많은 나무가 있다 ···106
66 흙 한 컵에 지구 인구보다 더 많은 미생물이 존재한다고? ···107
67 식물은 서로에게 경고를 보낸다! ···108
68 들을 수 있는 식물 ···109
69 나무는 사슴의 침을 맛볼 수 있다고? ···110
70 기린은 '말하는' 나무를 막을 수 있다 ···111
71 기생 버섯이 좀비 개미를 조종한다고? ···112
72 개미를 열매처럼 보이게 하는 벌레 ···113
73 어떤 박테리아는 눈에 보일 정도로 크다고? ···114
74 자성을 띠는 새 ···116
75 개미는 좋은 농부가 된다 ···118
76 초록색 앵무새는 초록색이 아니다 ···120
77 플라밍고는 회색으로 태어난다고? ···121
78 2억 5,200만 년 전 지구상의 거의 모든 것이 죽었다 ···122
79 곰벌레, 가장 강한 동물 ···124
80 작은 굴뚝으로 덮인 심해 달팽이 ···126
81 가장 이상한 식물은 웰위치아라고? ···127

용어 풀이 ···128
찾아보기 ···130

1 톡토기에는 정말 스프링이 있다

톡토기는 곤충처럼 다리가 6개 있는 작은 절지동물이에요. 대부분 몸길이가 6mm 미만이죠. 톡토기는 위험으로부터 멋지게 탈출하기도 해요. 몸 아래쪽에 접혀 있는 특수한 기관을 이용해서 순식간에 톡 하고 공중으로 튀어 올라요.
톡토기는 영어로 스프링테일(springtail)이라고 부르지요.

톡!

스프링은 꼬리에 없다

톡토기의 스프링을 '도약기'라고 해요. 몸의 네 번째 마디 아래에 붙어 있죠. 보통 도약기는 몸통 아래로 접혀 있고, 단단한 조직으로 된 밴드로 팽팽하게 제자리에 고정되어 있어요. 톡토기가 재빨리 도망쳐야 할 때, 도약기가 풀리면서 톡토기가 있는 표면에 부딪혀 공중으로 튀어 오르게 되죠. 이 모든 과정에 걸리는 시간은 채 50분의 1초도 안 돼요.

동물은 바퀴를 가질 수 없다

스프링까지는 괜찮아요. 하지만 동물이 진화해서 바퀴를 갖는 건 불가능해요. 자유롭게 회전하려면 바퀴가 축에 연결되지 않은 채로 움직여야 하죠. 그런데 연결되지 않은 '바퀴'에 혈액을 공급하거나 신경계와 연결할 수는 없거든요. 그러니 애초에 바퀴를 장착하는 것은 불가능한 일이랍니다!

알고 있나요?

남극톡토기는 남극 대륙 본토에 자연적으로 늘 서식하는 유일한 동물이에요.

2 버섯은 식물이 아니라고?

대부분의 사람들은 버섯을 식물이라고 생각하지만 그렇지 않아요. 버섯은 식물처럼 땅에서 자라는 경우가 많으며, 그 땅에서 영양분을 섭취하죠. 또한 버섯은 움직이거나 소리를 내지 않아요. 이렇게 식물과 비슷한 점이 많지만 생물학자들은 버섯을 식물, 동물과는 완전히 분리된 균류로 분류해요.

균류의 세계

균류에는 우리가 먹는 버섯 외에도 독버섯과 일부 효모와 같은 작은 유기체가 포함되며, 일부는 우리 몸에서 자라 무좀과 같은 질환을 일으킬 수도 있어요. 곰팡이는 씨앗을 만들지 않아요. 곰팡이는 포자를 만들어 개체 수를 늘리죠. 씨앗과 달리 포자에는 새로 자라는 유기체를 위한 양분이 들어 있지 않아요. 유기체가 생존하려면 포자는 필요한 영양분이 있는 어딘가에 착륙해야 하죠.

포자

역과 계

과학에서는 모든 생물을 세 가지 '역(domain)'으로 나눈 다음, 각 역을 다시 '계(kingdom)'로 나눠요. 계는 다시 각 생물이 고유한 '종(species)'이 될 때까지 더 작은 범주로 나뉘지요. 세 가지 역은 진핵생물역, 고세균역, 세균역이에요.

버섯에서 고래에 이르기까지 세포가 하나 이상인 모든 생물은 진핵생물역에 속해요. 진핵생물역은 원생생물계, 균계, 식물계, 동물계 등 4개의 계로 나뉘어요. 세균과 고세균은 모두 하나의 세포로 된 작은 유기체이지만 세포의 구조가 달라요. 각각 진화했거든요.

3 스테고사우루스와 티렉스는 만난 적이 없다

최초의 공룡은 약 2억 4천만 년 전에 출현했어요.
공룡은 약 1억 7,500만 년 동안 생존하다가 6,600만 년 전에 갑자기
멸종했지만, 한 종류의 공룡이 그 긴 세월을 모두 살아남은 것은 아니었어요.
스테고사우루스와 티라노사우루스처럼 잘 알려진 공룡 중 상당수는
다른 시기나 다른 장소에 살았기 때문에 서로 만난 적이 없어요.

공룡의 시작

최초의 공룡은 거대한 동물이 아니었어요. 대부분 민첩하고 날씬한 몸집으로 더 크고 사나운 파충류로부터 잘 도망쳤지요. 공룡이 세상에 등장한 것은 약 2억 년 전 많은 경쟁자들이 멸종하면서부터예요. 쥐라기 시대(2억 1백만~1억 4,500만 년 전)는 디플로도쿠스와 브론토사우루스 같은 거대 공룡의 전성기였어요. 또한 스테고사우루스와 알로사우루스 같은 잘 아는 공룡도 등장했지요. 티라노사우루스, 트리케라톱스, 파라사우롤로푸스 같은 다른 유명한 공룡들은 백악기(1억 4,500만~6,600만 년 전) 말기에 살았어요. 어떤 공룡들은 소행성이 멕시코 해안으로 돌진해 자신들을 전멸시키는 것을 봤을 거예요.

지금 여기 아니면 그때 저기?

티라노사우루스는 스테고사우루스보다 8천만 년 후에 살았고, 인류는 티라노사우루스보다 6,600만 년 후에 살았어요. 즉, 티라노사우루스가 스테고사우루스 화석을 찾으러 다녔다면 발견할 수 있었을 거예요.(물론 그 작은 팔은 땅을 파는 데는 좋지 않았겠지만요!) 다른 공룡들은 너무 멀리 떨어져 살았기 때문에 결코 만날 수 없었을 거예요. 북아메리카에 살았던 파라사우롤로푸스가 몽골에 살았던 벨로키랍토르에게 물린 적이 없다는 것은 확실하죠.

4 파란색을 좋아하는 바우어새

수컷 새틴바우어새는 둥지를 예쁘게 꾸미기 위해 파란색 물건을 많이 모아요. 짝을 유혹하려는 행동이지요. 파란색 물건을 가장 많이 모은 수컷이 최고의 암컷을 차지할 가능성이 가장 높아요!

구애하는 방법

새를 비롯한 동물의 세계에서 짝을 선택하는 것은 종종 암컷이에요. 수컷은 암컷의 선택을 받기 위해 암컷에게 깊은 인상을 남기려고 노력해요. 많은 수컷 새들은 암컷을 유혹하기 위해 매력적인 둥지를 짓거나 물건을 모아요. 아주 예쁜 깃털이 있거나, 아름다운 노래를 부르거나, 특별한 춤을 추며 관심을 끄는 수컷들도 있지요.

무대 짓기

수컷 바우어새는 자기가 모은 물건들을 전시하고 암컷이 이를 살펴볼 때까지 기다리는 무대를 만들어요. 이것을 바우어라고 하죠. 수컷은 페트병 뚜껑, 유리, 꽃, 열매, 다른 새의 깃털, 기타 주변에 있는 모든 파란색 물건을 모아요. 파란색 물건이 부족하면 다른 물건에 파란색 칠을 하기도 해요! 부리로 파란 열매를 으깨고 그 즙을 물건에 묻혀서 파란색으로 칠하는 거죠.

바우어는 둥지가 아니다

바우어는 막대기로 만든 구조물이에요. 바우어를 짓는 유일한 목적은 짝을 끌어들이는 것이에요. 암컷은 바우어를 꼼꼼히 살피고 나중에 수컷이 춤추는 것을 지켜봐요. 암컷은 춤을 잘 추고 인상적인 물건을 모은 수컷을 선택해요. 암컷은 알을 낳고 새끼를 기르기 위해 깔끔한 둥지를 따로 만들어요.

5 가장 큰 생물은 버섯이라고?

지구상에서 가장 큰 생물은 대왕고래나 거대한 나무가 아니라 미국 오리건주에서 발견되는 일종의 꿀버섯이에요. 이 거대한 균류는 거의 10km²에 걸쳐 지하에 퍼져 있어요.

빙산의 일각

정원이나 숲에서 자라는 버섯은 훨씬 더 큰 생명체의 겉으로 보이는 한 부분일 뿐이에요. 대부분의 버섯은 흙 아래나 썩은 나무를 관통하는 실 모양의 네트워크로 이루어져 있으며, 엄청나게 먼 거리까지 뻗어 나가요. 눈에 보이는 부분은 번식에 사용하는 포자를 방출하기 위해 위로 보내는 자실체죠. 자실체가 익으면 열리면서 그 안에 있던 포자들이 바람을 타고 멀리 날아가요. 이렇게 퍼져 나간 포자들은 다른 곳에서 새로운 큰 곰팡이로 자라나게 돼요.

균류의 기록적인 나이

오리건의 기록적인 균류는 오래전부터 존재해 왔어요. 과학자들은 이 균류의 나이가 2,400살 정도이며 심지어 8,650살 정도일 수도 있다고 말해요. 그러니까 로마 제국이 시작되기 전부터, 고대 이집트인들이 존재하기 전부터, 심지어는 털북숭이 매머드가 지구를 돌아다니던 시절부터 자라기 시작했을 수도 있다는 뜻이에요!

6 먹으면 죽는 버섯

가장 독성이 강한 버섯은 전 세계에서 자라는 독우산광대버섯이에요. 이 버섯은 해가 되지 않아 보이고 심지어 먹을 수도 있을 것처럼 생겨서 더욱 위험하죠. 버섯 반 개만 먹어도 사람이 죽을 정도로 독이 많은데, 조리해도 독이 사라지지 않아요! 그러니까 야생에서 버섯을 함부로 따 먹지 마세요!

7 진딧물은 1년에 지구 인구보다 더 많은 새끼를 낳을 수 있다

진딧물은 식물 줄기와 잎에서 나오는 수액(즙)을 먹고 사는 작은 곤충이에요. 진딧물은 이상하게도 암컷이 수컷과 짝짓기를 하지 않고도 새끼를 낳을 수 있어요.

새로운 진딧물은 이미 더 많은 새끼를 밴 채로 태어나요! 진딧물은 빠르게 자라기 때문에 이론적으로 진딧물 1마리가 단 한 번의 여름 동안 수억 마리의 진딧물로 늘어날 수 있어요. 이 진딧물들을 한 줄로 세우면 거의 20만 km에 달하죠.

많을수록 좋은 진딧물

진딧물은 스스로 복제해서 식물에 빠르게 군집을 이루고 다른 식물로 퍼질 수 있어요. 진딧물은 새끼를 낳는 데 도움을 줄 수컷을 기다릴 필요가 없거든요. 모든 새로운 진딧물 새끼는 어미와 완전히 똑같고 모두 암컷이에요. 물론 모든 진딧물이 살아남아 더 많은 새끼를 낳는 것은 아니에요. 만약 그렇다면 세상은 진딧물로 뒤덮여 버릴 테니까요. 대부분은 새, 파충류, 곤충을 포함한 다른 동물들에게 잡아먹혀요.

진딧물의 번식 전략

복제는 짝 없이 후손을 남기는 일종의 무성 생식이에요. 무성 생식은 생명체가 변화하는 환경에 적응하는 데 도움이 되는 특징을 혼합하고 조합할 기회가 없다는 것을 의미하기 때문에 이상적이지 않아요. 하지만 늦여름에 수컷이 태어나고 이때는 진딧물 암컷이 수컷과 짝짓기를 해서 알들을 낳아요. 진딧물은 무성 생식과 유성 생식을 번갈아 가며 다음 세대를 낳는 것이죠. 알들은 겨울을 나서 이듬해 여름, 진딧물이 더 많이 생기도록 하기 위해 이 번식 과정을 다시 시작해요.

알을 낳는 포유류

포유동물을 정의하는 특징 중 하나는 새끼를 낳는다는 거예요.
물고기, 개구리 같은 양서류, 악어 같은 파충류, 그리고 새는 알을 낳아요.
하지만 알을 낳는 포유류도 있어요. 이러한 포유류를 단공류라고 하죠.
모두 오스트레일리아나 뉴기니에 살죠.

안전한 어미의 몸 안

대부분의 포유류는 어미의 몸 안에 있는 알에서 새끼로 자라요. 이 알을 수정란이라고 해요. 수정란은 매우 작으며 어미 몸 안에 있는 자궁에서 자라요. 수정란이 자라서 (새끼로 성장할) 배아가 되면 태반이라는 새로운 기관이 성장해요. 태반은 어미와 배아를 연결하여 성장하고 발달하는 데 필요한 모든 것을 제공해요. 포유류 암컷은 자신의 몸 안에서 새끼를 키움으로써 새끼를 안전하게 보호해요. 둥지에서 자라는 알은 먹히고 잃고 밟히고 너무 춥거나 더워지는 위험에 처할 수 있거든요. 어미 포유류의 배 속에서 자라는 새끼는 어미 몸의 보호를 받는 거죠. 그러니까 어미가 안전하다면 새끼도 일반적으로 안전할 수 있는 거예요.

단공류, 다른 포유류

모든 포유류 동물의 조상을 거슬러 올라가면 단공류 동물이 나와요. 포유류는 2억 년 전에 진화했으며, 가장 초기의 포유류는 파충류처럼 알을 낳았지요. 오늘날에는 오리너구리와 네 종류의 바늘두더지 등 다섯 종류의 단공류가 있어요. 이들은 생물이 만들어 내는 전기장을 감지하는 전기 위치 탐지 기술을 이용해 먹이를 찾아요.

9 아기는 성인보다 뼈가 더 많다고?

아기는 여분의 뼈를 가지고 태어나요. 아기가 자랄 때 뼈 몇 개가 서로 합쳐져서 뼈의 수가 줄어들죠. 아기는 약 270개의 뼈를 가지고 태어나지만 어른이 되면 206~213개만 남아요.

뼈와 연골

뼈는 단단하고 부서지기 쉬운데 연골은 단단하면서도 유연해요. 아기의 골격은 대부분 연골로 이루어져 있어요. 하지만 아기가 자라면서 연골은 뼈로 변하지요. 태어나기 전부터 연골이 뼈로 변하기 시작하지만, 이 과정은 20대가 되어서야 끝나요. 연골은 뼈처럼 잘 부서지지 않기 때문에 넘어지거나 어른의 뼈가 부러질 정도의 사고를 당해도 견딜 수 있어요. (그래도 조심해야 해요!)

귀와 코

뼈로 변하지 않는 연골도 있어요. 코와 귀의 딱딱한 부분은 평생 연골로 남아 있어요.

알고 있나요?

모든 골격이 연골로만 이루어진 동물도 있어요. 돔발상어처럼 말이에요.

10 아기 머리에 있는 구멍

신생아는 두개골에 '숨구멍'이라고 하는 틈이 있어요. 이 구멍은 머리에 부드러운 부분을 만들어요. 숨구멍은 뼈가 자라면서 서서히 닫히죠. 이 틈새는 아기가 태어난 첫해 동안 뇌와 두개골이 성장할 수 있도록 하는 중요한 역할을 해요.

11 심장은 평균적으로 일생 동안 20억 번 박동한다

대부분의 어른은 안정 상태에서 심장이 1분에 60~70회 박동해요. 70세까지 사는 사람은 총 20억 번의 심장 박동을 경험하죠. 사람이 오래 살수록 심장 박동 수는 더 많아져요.

심박수와 건강

아주 오래 사는 사람은 안정 상태에서 심박수가 평균적으로 더 낮아요. 안정기 심박수는 한동안 활동하지 않았을 때 심장이 얼마나 빨리 뛰는지를 나타내요. 질병과 유전 같은 여러 가지 이유로 심박수가 평균에서 벗어날 수 있죠. 스트레스를 받으면 심박수가 높아질 수 있으니까 평온함을 유지하는 것이 좋아요. 하지만 건강에 좋은 운동도 심박수를 높이거든요. 그러니까 완전히 느긋하게 지내는 게 전부는 아니에요.

심장의 작용

심장이 박동하는 이유는 심장이 수축하여(움츠러들어) 몸 전체로 혈액을 펌프질하기 때문이에요. 혈액은 근육을 포함한 신체 조직에 산소를 운반하죠. 근육이 더 많이 움직일수록 더 많은 산소가 필요해요. 달리기나 수영을 하거나 자전거를 탈 때는 근육에 더 많은 산소를 보내야 하니까 심장이 더 빨리 박동해요.

동물의 심박수

동물마다 심박수와 수명이 달라요. 햄스터의 심장은 1분에 450번 뛰지만, 수명은 약 3년에 불과해요. 그래도 10억 번 가까이 심장이 뛰는 셈이죠. 고래의 심장은 1분에 20번밖에 뛰지 않지만, 평생 약 10억 번 박동해요.

12 꿀은 절대 상하지 않는다고?

찬장 안에 있는 음식은 대개 먹기 전에 너무 오래되지 않았는지
확인해야 하지만, 꿀은 병을 따지 않는 한 거의 항상 안전해요.
심지어 수천 년 전 고대 이집트 파라오와 함께 묻힌
병 속의 꿀도 상하지 않았다고 해요!

끈적하지만 건조한 상태

꿀은 수분이 거의 없는 걸쭉하고 끈적끈적한 액체예요. 이것이 바로 꿀의 영원한 유통 기한 비결 중 하나죠. 음식이 상하려면 그 안에 미생물이 자랄 수 있어야 해요. 꿀에는 수분이 매우 적기 때문에 공기가 필요 없는 미생물도 생존할 수 없어요.

벌의 소화 기관은 미생물을 죽인다

꿀벌은 꿀을 만들어요. 꿀을 만드는 과정은 꿀벌이 꽃에서 채집한 과즙과 꽃가루를 먹는 것에서 시작하죠(46쪽 참조). 꿀벌의 위장에서는 꽃가루를 분해하는 화학 물질, 즉 효소가 만들어져요. 그러면 꿀을 만드는 과정이 시작되죠. 이때 미생물을 죽이는 과산화 수소도 생겨요.

미생물이 꿀에서 자랄 수 없어서 꿀은 사람을 치료하는 데도 쓸모가 있어요. 수천 년 동안 상처와 피부 질환을 치료하기 위해 꿀을 발라 왔어요. 꿀은 상처에서 수분을 빨아낸 다음 미생물이 통과할 수 없는 밀폐 장벽을 만들죠. 꿀에 조금 들어 있는 과산화 수소도 치료를 도와요.

13 달팽이는 3년 동안 잠을 잘 수 있다고?

달팽이는 낮에 활동량이 많지 않기 때문에 잠을 많이 잘 필요가 없다고 생각할 수 있어요. 하지만 달팽이도 사람처럼 규칙적으로 활동하고 잠을 자요. 주변 환경이 달팽이에게 좋지 않다면, 훨씬 더 오래 잠을 자기도 해요.

달팽이의 하루

달팽이는 보통 약 15시간 동안 잠을 자고 약 30시간 동안 활동해요. 즉, 달팽이는 사람처럼 정상적인 낮과 밤의 주기를 따르지 않는다는 뜻이에요. 달팽이의 하루 수면-각성 주기는 사람의 이틀에 해당해요.

달팽이가 껍질 속에 머무는 이유

달팽이는 앞으로 나아가는 데 필요한 점액을 생성하기 위해 수분이 필요해요. 그래서 건조한 날보다 비가 온 후에 달팽이가 더 많이 보이죠. 날씨가 건조하거나 추우면 달팽이는 껍질 속에서 안전하게 머물려고 해요. 그리고 춥거나 건조한 날씨가 아주 오랫동안, 심지어 최대 3년까지 지속되면 집 안에 머물면서 환경이 좋아질 때까지 기다려요.

왜 자는 걸까요?

잠을 자는 동안 우리 몸은 필수적인 회복 작업을 해요. 그래서 아프거나 다쳤을 때 더 많이 자죠. 적절한 수면은 정신과 몸의 건강에 중요해요. 잠을 자지 못하면 결국 죽게 돼요. 그러나 과학자들은 특히 동물의 잠이 어떤 역할을 하는지 잘 알지 못해요. 모든 동물이 잠을 자는지, 올챙이나 벌레는 잠을 잘 필요가 없는지 알 수 없지요. 돌고래와 고래 같은 동물은 한 번에 뇌의 절반만 사용해 잠을 자는데, 이는 항상 깨어 있어야 위험을 감지하고 수면 위로 올라와 숨을 쉴 수 있기 때문이에요.

14 거대한 나무는 대부분 물과 공기로 만들어진다

나무는 흙에서 자라지만 흙을 거의 사용하지 않아요. 나무 대부분은 흙이 아닌 공기와 물에서 가져온 화학 물질로 만들어져요. 1630년대에 벨기에 화학자 얀 밥티스타 판 헬몬트가 밝혀낸 사실이죠.

식물은 흙을 먹나요?

판 헬몬트가 실험하기 전까지 사람들은 식물이 자라기 위해 흙을 '먹는다'고 믿었어요. 판 헬몬트는 식물이 실제로는 흙에 대한 식욕이 매우 적다는 것을 보여 주었지요. 그는 작은 버드나무 묘목과 마른 흙으로 가득 찬 화분의 무게를 각각 쟀어요. 그런 다음 화분에 나무를 심고서 위를 덮어, 다른 것이 못 들어오게 한 뒤, 5년 동안 물을 주고 햇볕을 쬐면서 정성껏 돌보았어요. 5년이 지난 후 그는 흙을 말리고 나무와 흙의 무게를 다시 쟀어요. 나무의 무게는 75kg이나 늘었지만 흙의 무게는 57g밖에 줄지 않았죠. 판 헬몬트는 나무 전체가 거의 전적으로 물로 만들어졌다고 결론을 내렸어요. 하지만 그의 결론은 틀렸지요.

식물은 햇빛이 필요합니다

식물은 물뿐만 아니라 햇빛과 공기 중에서 흡수하는 기체인 이산화 탄소도 필요로 해요. 판 헬몬트가 실험한 나무를 비롯한 모든 식물은 햇빛 에너지를 사용하여 물과 이산화 탄소 사이에서 화학 반응을 일으켜요. 이때 식물이 자라는 데 필요한 연료로 사용하는 포도당과, 식물이 공기 중으로 방출하는 기체인 산소가 만들어져요. 식물이 만든 포도당은 인간과 동물의 영양분이 되고, 식물이 만든 산소로 모든 동물이 숨을 쉬어요.

15 한때 6m까지 자란 거대 곰팡이들

약 4억 2천만~3억 5천만 년 전, 거대한 곰팡이가 땅에서 곧게 뻗어 하나의 기둥처럼 자랐어요. 프로토택사이트라고 하는 이 곰팡이의 몸통은 약 1m에 달했고, 키는 커다란 기린만큼 컸어요.

지상에서 가장 큰 식물

프로토택사이트가 성장하던 당시 육지에는 등뼈가 있는 대형 동물은 없었고, 노래기나 벌레, 날개 없는 곤충만 살았어요. 모든 식물은 매우 단순하고 작았지요. 프로토택사이트는 다른 모든 것 위에 우뚝 솟아 있었을 거예요.

16 흙 한 티스푼에는 수 km의 곰팡이 가닥이 들어 있다

많은 곰팡이는 지하에 살면서 길고 가는 실처럼 자라요.
이 실은 매우 가늘어서 흙 한 티스푼에 있는 실을
끝에서 끝까지 늘어뜨리면 수 km까지 늘어날 수 있어요.

숲 네트워크

곰팡이 실은 숲 바닥의 모든 흙을 관통하여 나무뿌리 끝과 연결돼요. 나무는 이 곰팡이 '네트워크'를 통해 서로 소통하고 영양분(먹이로 사용되는 화학 물질)을 나눠요. 곰팡이는 나무가 광합성을 통해 만들어 내는 당분의 약 3분의 1을 가져가는데, 이는 나무 사이에 화학 물질을 운반하는 데 대한 '수수료'인 셈이에요. 곰팡이 네트워크를 통해 나무는 키가 작아 햇빛을 충분히 받지 못하는 묘목에 영양분을 공급하고 병들거나 죽어 가는 나무를 도와줘요. 네트워크의 중심에는 다른 많은 나무와 소통하고 지원하는 허브 또는 '어머니' 나무가 있어요. 나무와 곰팡이 모두 이러한 관계에서 이익을 얻어요. 건강한 숲이란 나무와 다른 식물, 곰팡이가 함께 잘 서식하는 숲을 말하죠.

17 뱀은 공식적으로 다리가 4개라고?

뱀은 네발 동물로 분류돼요. 뱀은 파충류이며 파충류는 원래 육지에서 살던 네발 동물로 진화했어요. 파충류는 양서류에서 진화했는데, 양서류 역시 발이 4개이죠. 1억 5천만 년의 역사 중 어느 시점에 뱀은 다리를 잃고 땅 위를 미끄러지듯 기어다니게 되었어요.

네발에서 두 발로

뱀은 굴에서 살기 시작하면서 다리를 잃었어요. 작은 구멍으로 미끄러져 들어가려면 다리가 불편할 수밖에 없었을 거예요. 1억 4,500만~6,600만 년 전 백악기의 뱀 화석에는 2개의 뭉툭한 다리를 가진 뱀이 나오는데, 이 뱀은 한 쌍의 다리를 잃은 후 나중에 다시 나머지 한 쌍을 잃은 것으로 보여요.

약간 남은 뼈

보아 뱀과 비단뱀을 포함한 일부 현대 뱀은 엉덩이와 허벅지 뼈의 일부가 남아 있어요. 이들은 더 이상 다리가 없지만, 다리와 다리를 연결하는 마지막 뼈 조각은 여전히 그 안에 숨겨져 있지요.

필요 없는 부분의 진화

진화는 생명체에 필요한 구조를 발달시킬 뿐만 아니라, 쓸모없는 구조를 없애기도 해요. 다리가 있어 봤자 아무런 이점이 없다면, 다리 없이 태어나는 동물이 더 잘 살아남을 거예요. 그렇다면 '다리 없는 동물'도 점차 늘어나겠지요. 필요 없는 다리를 자라게 하느라 에너지와 조직을 낭비하고 또 부상과 해를 입을 수 있으니까요. 쓸모없는 다리를 가진 뱀의 자리를 다리가 없는 뱀이 차지하게 된 거예요.

18 한때 육지에 살았던 고래

포유류인 고래는 공기를 들이마셔야 해요.
고래는 처음에는 개와 비슷하게 생긴
육상 동물에서 진화하여
점차 물속 생활에 적응해 나갔어요.

다리가 있다면 서 있기가 더 쉬웠을 텐데 말이에요!

육지 고래

고래, 돌고래, 쇠돌고래는 '고래목'으로 분류되며 바다에서 사는 특별한 포유류예요. 가장 오래된 고래목 동물로 알려진 동물은 몸길이는 약 1m이고 머리가 아주 길었고 늑대처럼 생겼어요. 파키세투스라고 하죠. 약 5천만 년 전 오늘날의 파키스탄 육지에 살았어요. 고기도 먹었고 얕은 바다에서 헤엄쳐 다니며 물고기도 잡아먹었어요. 두개골이 긴 파키세투스의 특징은 현대 고래류에도 남아 있죠.

물에 적응하기

파키세투스는 물고기를 사냥하면서 물속 생활에 더 잘 적응하게 되었어요. 수백만 년에 걸쳐 파키세투스의 후손들의 다리는 오리발로, 긴 늑대 꼬리는 강하고 두꺼운 꼬리로 바뀌어서 헤엄칠 수 있게 된 거죠. 앞다리는 강한 지느러미가 되었지만 뒷다리는 결국 완전히 사라졌어요.

19 고래가 우제류로 분류된다고?

고래목 동물은 육지에서 진화했어요. 고래에게는 말 같은 다른 우제류 동물(발굽이 있는 동물)과 비슷한 발굽과 발목뼈가 있어요. 다리는 사라졌지만 여전히 몸 안에 작은 다리뼈의 흔적이 숨겨져 있는 고래도 있어요. 쇠고래처럼 말이죠.

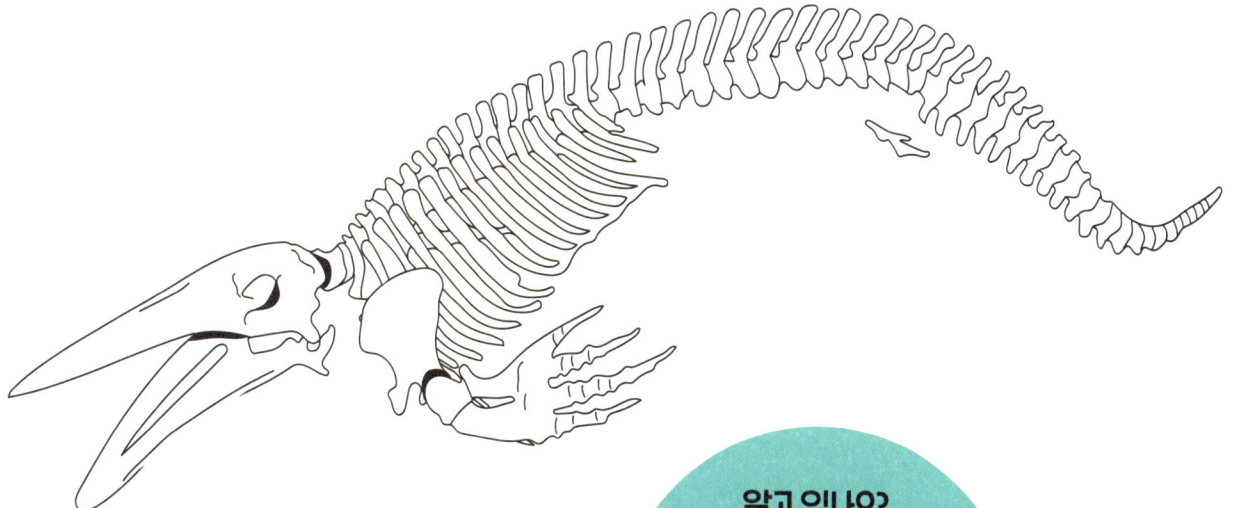

알고 있나요?

이빨이 있는 고래들은 '분수공'이라고 하는 콧구멍이 하나뿐이에요. 머리 꼭대기에 있는 이 구멍으로 고래는 수면 위로 올라올 때 물을 뿜어내요.

20 식물을 잠들게 할 수 있다

의학에서 전신 마취제는 수술 전에 환자를 잠들게 하는 데 사용돼요. 과학자들은 마취제가 식물에도 영향을 미친다는 사실을 발견했어요. 식물의 뿌리에 마취제를 바르면 식물을 통과하는 전기파가 멈추게 돼요. 동물의 신경은 전기를 사용하여 몸 전체에 메시지를 전달하죠.

움직이는 식물의 경우

대부분의 식물은 가만히 서서 자라지만 몇몇 식물은 실제로 움직여요. '감각 식물'이라고 하는 미모사는 만지면 잎이 말려 올라가죠. 하지만 미모사에 마취제를 투여하면 이런 움직임이 멈춰요. 마취제는 동물에게 작용하는 것 같은 방식으로 식물에게도 작용해요. 그렇다면 식물도 어떤 식으로든 동물처럼 의식이 있다는 것을 의미할까요? 과학자들은 이것을 알아내기 위해 노력하고 있답니다.

21 친척을 알아보는 식물

식물은 친척 식물에게 친절해요!
친척인 다른 식물과 함께 자란 식물은 '낯선'
식물 옆에서 자란 식물과는 자라는 게 달라요.
친척과는 햇빛을 나누는 것처럼 보이지만
낯선 식물에게는 그렇지 않죠.

햇빛 나누기

식물은 보통 생존에 필요한 자원인 햇빛을 얻기 위해 경쟁해요. 실험자들은 어떤 식물을 친척 식물과 나란히 심었을 때 햇빛이 필요한 쪽보다 반대쪽에서 잎이 더 많이 자란다는 사실을 발견했어요. 하지만 친척이 아닌 식물과 나란히 자랄 때는 옆 식물을 배려하지 않았어요. 식물은 옆에서 자라는 식물의 잎에서 반사되는 빛을 감지하고 친척의 잎 패턴을 인식하면서 성장을 조절하는 것인지도 몰라요!

22 부화한 후 몸집이 10,000배까지 자라는 공룡도 있었다

디플로도쿠스와 브론토사우루스 같은 거대한 공룡들도 새끼는 아주 작았어요. 거대한 어른 크기로 자라기 위해 빠르게 성장해야 했지요.

알의 한계

길쭉한 알을 낳는 공룡도 있었지만 용각류(목이 길고 몸집이 커다란 초식 또는 잡식성 공룡)는 거의 동그란 알을 낳았어요. 27m까지 자랄 수 있는 공룡도 새끼는 지름 26cm에 불과한 자몽 크기의 알에 들어 있어야 했지요. 동그란 알은 내부에 최대한 많은 공간을 확보할 수 있어 성장에 유리했지만, 아주 크게 자랄 수 있는 공룡에게는 여전히 좁은 공간이었어요. 공룡이 더 큰 알을 낳으면 되지 않냐고 생각할 수도 있지만 알이 커지는 데는 한계가 있어요. 큰 알이 깨지지 않으려면 껍질이 두꺼워야 하는데, 껍질이 두꺼우면 어미의 몸에 부담이 될 수 있고 새끼가 알을 깨고 나오기에도 힘이 들거든요.

23 알이 하나의 세포라고?

모든 생명체의 몸은 세포로 구성되어 있어요. 사람 어른에게는 30조 개 이상의 세포가 있지만 미생물은 단 하나의 세포로 되어 있어요. 세포 대부분은 작지만 아주 큰 세포도 있어요. 곤충부터 새, 악어에 이르기까지 모든 동물의 알은 하나의 세포예요. 가장 큰 것은 타조알로 길이가 15cm나 되죠.

24 높은 소리를 내는 모기

모기는 암컷만 사람 피를 빨아 먹어요.
암컷만 피가 필요하기 때문이죠.
알을 만들려면 사람 몸의 단백질이 필요하거든요.
수컷은 꽃의 꿀만 먹어요.
다행히도 모기는 독특한 소리를 내어
사람에게 경고하지만 수컷과 암컷의 소리가 달라요.
음계로 보면 암컷은 '파' 음을 내고, 수컷은 높은 '도' 음을 내요.

날개 파닥이기

모기는 암컷의 경우 1초에 350~500회, 수컷의 경우 1초에 450~700회로 매우 빠르게 날개를 파닥여요. 과학자들은 주파수를 헤르츠(Hz) 단위로 측정하죠. '비행음'이라고 하는 모기의 날개 진동 주파수는 수컷의 경우 575Hz, 암컷의 경우 450Hz예요. 모기 소리는 날개가 파닥이는 소리라서 모기가 날아다닐 때만 나요. 사람을 물 때나 쉬고 있을 때, 또는 사람을 물 생각을 하는 동안에는 소리를 내지 않죠.

모기의 대화

모기는 날개를 파닥이는 속도를 바꿔서 비행 구역의 음높이를 조절할 수 있어요. 새로운 동료를 만났을 때 모기가 서로 확인하기 위해서 하는 동작이죠. 암컷과 수컷이 짝을 이루면 2마리 모기는 계속해서 조화롭게 윙윙거려요. 짝을 이루지 못하면 소리를 바꿔서 다른 모기를 찾지요.

우는 소리와 식사

암컷은 사람의 몸에 달려들지만 수컷은 그렇지 않기 때문에 우리가 듣는 모기 소리는 수컷이 아니라 암컷일 가능성이 커요. 맛있는 피 냄새를 맡고 우리 주위로 다가온 모기의 소리를 듣는 거죠. 수컷도 소음을 많이 내지만 우리를 먹이로 보고 공격할 생각은 하지 않아요.

25 바셀린으로 식물을 죽일 수 있다고?

바셀린은 물이 통과할 수 없는 유성 물질이에요.
추울 때 입술이 마르는 것을 막기 위해 바셀린을 사용하기도 하지요.
입술에서 수분이 증발하는 것을 막아 주거든요.
하지만 식물에는 바셀린을 사용하지 않아요.
식물의 수분이 날아가는 것을 막으면 오래 살 수 없으니까요.

필요한 구멍

식물의 잎 아래쪽에 바셀린을 바르면 식물을 통과하는 물의 흐름이 막혀요. 식물 잎 밑면에는 '기공'이라는 구멍이 있는데, 이 구멍을 통해 증산 작용이 일어나지요. 증산 작용은 식물이 물을 잃는 과정이에요. 식물뿌리가 흙에서 흡수한 물은 줄기를 따라 잎으로 이동하고 기공을 통해 증발하면서 공기 중으로 사라져요. 이 과정에서 물은 식물에 필요한 화학 물질을 운반하죠. 기공이 막히면 물의 흐름이 멈추고 식물이 뿌리에서 물을 끌어 올릴 수 없어요.

물의 흐름 조절하기

식물은 기공을 열고 닫으면서 물의 흐름을 조절해요. 덥고 땅이 마른 날에 식물은 잎에서 물이 빨리 빠져나가지 않게 기공을 닫아요. 흙에 물이 충분하지 않을 때 기공을 모두 열면 식물이 말라 버릴 수 있거든요. 물이 충분하면 식물은 기공을 열어 물이 흐르게 하면서 성장에 필요한 화학 물질을 운반해요. 여름에 밝은 햇빛이 에너지를 공급하고 비가 충분히 내리면 식물은 잘 자라요. 잎에 바셀린만 바르지 않는다면요.

26 목이 없는 물고기

인간과 물고기의 중요한 차이점은 머리를 어떻게 움직일 수 있느냐에 달려 있어요. 네발 동물은 모두 목이 있어 머리를 좌우로, 위아래로 움직일 수 있지만, 물고기는 그렇게 할 수 없어요.

제한된 움직임

물고기는 고개를 옆으로 돌릴 수 없어요. 왼쪽이나 오른쪽을 향하려면 몸 전체를 돌려야 하죠. 먹이를 먹는 데 필요한 만큼 고개를 위아래로 약간 움직일 수는 있지만, 물고기의 움직임은 몸 전체를 돌리거나 전혀 돌리지 않는 것이 전부예요.

사람과 물고기의 목

사람의 목은 머리와 어깨를 분리해요. 하지만 물고기의 어깨는 두개골에 바로 붙어 있어요! 물고기는 팔이 없기 때문에 어깨가 필요 없다고 생각할 수 있지만, 물고기에게는 앞쪽에 '팔이음뼈'에 붙어 있는 지느러미가 있어요. 목이 있으면 어깨를 움직이지 않고도 고개를 비틀거나 내리고 올릴 수 있어요. 물고기의 경우 머리를 움직인다는 것은 어깨를 넘어 등뼈(척추)의 일부도 움직인다는 뜻이에요. 따라서 머리가 위아래로 움직이면 지느러미도 함께 움직이죠.

27 꿀은 꿀벌의 '토사물'이다!
으!

꿀벌은 겨울철에 자신과 새끼가 먹기 위해 꿀을 만들어요.
꿀벌은 배 속에서 꿀을 만든 다음
뱉어 내어 나중에 사용할 수 있도록 벌집에 저장하죠.

알고 있나요?

한 티스푼의 꿀을 만들기 위해 꿀벌 12마리가 평생을 바쳐야 한다는 사실을요.

꿀이 만들어지는 과정

꿀벌은 빨대처럼 생긴 긴 혀로 꽃에서 꿀을 수집해요. 속이 비어 있는 혀로 꿀을 빨아들여 '꿀 위'라고 하는 꿀주머니에 저장하죠. 꿀주머니가 가득 차면 꿀벌은 벌집으로 돌아와 꿀을 입으로 뱉어서 다른 벌의 입으로 전달해요. (윽!) 꿀을 받은 벌은 약 30분 동안 꿀을 씹어서 또 다른 벌에게 전달하죠. 꿀은 꿀이 될 준비가 될 때까지 여러 꿀벌의 입을 돌아다녀요. 꿀벌은 다른 꿀벌들이 만든 작은 육각형 방에 꿀을 '뱉어' 내요. 그런 다음 날개로 부채질하여 남은 수분을 증발시키죠. 이 과정을 통해 액체였던 물질이 끈적끈적한 물질로 바뀌는데, 이것이 바로 우리가 먹는 꿀이랍니다.

28 사람이 볼 수 없는 것을 보는 벌

우리는 빨간색에서 보라색에 이르는 범위의 빛을 볼 수 있지만
벌은 우리가 보지 못하는 자외선도 볼 수 있어요.
대부분 꽃에는 꿀벌을 꿀이 있는 곳으로 안내하는
'꿀 안내선'이라는 무늬가 있어요.
이 무늬는 사람이 볼 수도 있지만,
어떤 것들은 오직 자외선에서만 나타나기 때문에
벌들만 볼 수 있어요.

29 돌고래와 고래는 털을 가지고 태어난다고?

돌고래와 고래는 태어나기 전 어미 배 속에서는 몸에 털이 있어요. 아기들도 마찬가지예요. 출생 직전이나 직후에 빠지는 털을 '배냇솜털'이라고 해요.

털이 있는 포유류

척추동물(등뼈가 있는 동물)에는 포유류, 조류, 파충류, 양서류, 어류가 있어요. 각 그룹을 구별하는 몇 가지 특징이 있지요. 거의 모든 포유류는 새끼를 낳고, 모든 암컷 포유류는 자신의 몸에서 만든 젖을 새끼에게 먹여요. 포유류는 비록 몇 가닥뿐이더라도 털이 있어요. 많은 포유류는 온몸이 털로 덮여 있죠. 인간과 고래류(고래와 돌고래)는 모두 온몸이 털로 덮인 포유류에서 진화했어요.

30 일부 포유류는 새끼를 주머니에 넣어 키운다

포유류 가운데 '유대류'는 아주 작고 덜 자란 새끼를 낳아요.
새끼는 어미의 털을 타고 기어가서 어미 몸 앞쪽에 있는
주머니 속으로 들어가요. 새끼들은 어미의 젖을 먹으면서 자라요.
다른 포유류가 어미 자궁에서 자라는 것처럼, 유대류는 어미 주머니에서 자라는 것이죠.
캥거루와 코알라가 유대류 동물이에요.

밖에서 안으로

수백만 년 전 모든 포유류의 조상은 알을 낳았어요. 약 6천만 년 전 알을 몸 안에 보관하는 포유류가 등장하면서 상황이 바뀌었죠. 새끼가 태어나는 단계는 다양해요. 어떤 동물은 완전한 기능을 갖추고 태어나는 반면, 어떤 동물은 아무것도 할 수 없는 상태로 태어나죠. 가젤 새끼는 태어난 지 몇 분 만에 서고 달릴 수 있는 반면, 아기는 젖만 빨 수 있어요. 유대류 새끼들은 아무것도 할 수 없을 뿐만 아니라 몸이 발달하는 중간에 태어나죠. 어느 정도 성장할 때까지 주머니 밖에서 생존할 수 없어요.

31 고래 1마리 = 나무 20그루

기후 변화에 맞서기 위해서는 대기 중에 있는 이산화 탄소의 양을 줄여야 해요.
이를 달성하는 한 가지 방법은 나무를 심어 탄소를 흡수하고
저장하게 하는 것이죠. 그런데 고래도 탄소를 저장해요.
고래는 일생 동안 약 20그루의 나무와 맞먹는 양의
탄소를 나무보다 더 오랫동안 저장하죠.

나무를 키울까, 고래를 키울까?

나무는 광합성을 하면서 이산화 탄소를 산소와 탄소로 분해해요. 산소는 다시 공기 중으로 내보내고 탄소로는 당을 만들죠(29페이지 참조). 당은 다른 화학 물질의 구성 요소예요. 탄소 대부분은 나무에 남아 있다가 나무가 죽고 나서 썩을 때 천천히 방출돼요.

대왕고래는 광합성을 하지 않지만, 광합성을 하는 작은 식물성 플랑크톤을 먹어요. 식물성 플랑크톤은 탄소를 저장하는데, 이 탄소들은 결국 플랑크톤을 잡아먹은 고래의 일부가 되죠. 고래는 오래 살다가 죽으면 보통 깊은 바다 바닥에 가라앉아요. 죽은 고래가 분해되어 탄소를 방출하는 데는 100년 이상이 걸릴 수 있답니다.

고래는 몇 마리나 있을 수 있을까?

고래가 많으면 식물성 플랑크톤도 많아요. 고래 똥 속에 있는 화학 물질이 식물성 플랑크톤의 성장을 돕거든요. 식물성 플랑크톤이 1%만 증가해도 20억 그루의 나무와 맞먹는 양의 탄소가 저장돼요. 세상은 더 많은 고래들을 수용할 공간이 있어요. 한때 대왕고래는 지금보다 30배 이상 많았지요. 고래가 다시 많아지도록 살려 내자고요!

32 달에 사람 똥이 있다고?

1969년부터 1972년까지 12명의 우주 비행사가 달에 갔어요. 그들이 지구로 돌아오기 위해서는 로켓이 최대한 가벼워야 했어요. 그래서 그들은 자신들이 쓰던 도구와 쓰레기를 남겨 두고 왔죠. 똥, 구토물, 음식물 쓰레기가 담긴 봉투 여러 개를 말이에요. 인간 똥의 약 절반은 박테리아로, 1,000여 종의 다양한 미생물이 포함되어 있어요.
달에서 이 미생물들에게 어떤 일이 일어났는지는 아무도 몰라요.

달의 살기 힘든 환경

과학자들은 달에 남기고 온 쓰레기봉투의 미생물이 살아 있을 가능성은 낮다고 생각해요. 하지만 확인해 보는 것이 좋겠죠. 달은 생명체가 살기에 좋은 환경이 아니에요. 공기가 없고, 온도는 영하 173℃의 극한의 추위와 100℃의 극한의 더위를 오가거든요. 대기가 없는 달에는 우주 방사선과 태양의 자외선이 쏟아져요. 미생물이 살기 어려운 환경이죠.

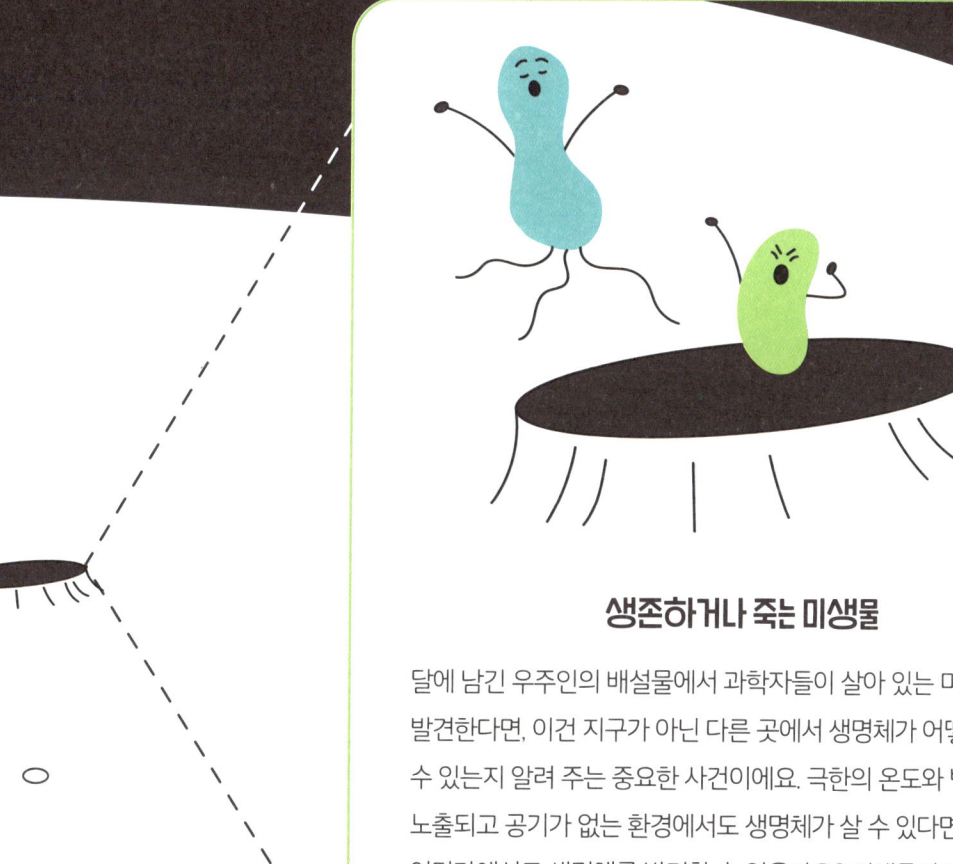

생존하거나 죽는 미생물

달에 남긴 우주인의 배설물에서 과학자들이 살아 있는 미생물을 발견한다면, 이건 지구가 아닌 다른 곳에서 생명체가 어떻게 생존할 수 있는지 알려 주는 중요한 사건이에요. 극한의 온도와 방사선에 노출되고 공기가 없는 환경에서도 생명체가 살 수 있다면 우주 어딘가에서도 생명체를 발견할 수 있을까요? 미생물이 달에서 50년 이상 생존했다면, 미생물이 소행성(우주 암석)을 타고 우주를 여행하면서 행성 사이를 이동해 새로운 삶을 시작할 수 있다는 것을 뜻해요.

33 미생물의 거의 절반은 땅 깊은 곳에서 산다

우리는 생명체가 지구 표면에 가득 차 있다고 생각하지만 사실 우리 발밑에도 그에 못지않게 많은 생명체가 살고 있어요. 지구상에 존재하는 모든 미생물의 약 45%가 암석 깊은 곳에 살고 있죠. 암석 깊은 곳은 지구에서 가장 큰 서식지예요.

화학 물질을 먹는 미생물

암석 깊은 곳에 사는 미생물은 공기 중의 산소와 태양열에 의존해 살 수 없어요. 대신 (탄소와 수소로 이루어진) 탄화수소라는 화학 물질과 지구 내부에서 나오는 열을 이용하죠. 이들은 지표면 아래 몇 km에 살며 석유 같은 화학 물질을 먹이로 삼아요. 과학자들은 암석의 석유가 바다로 누출된 곳에서 진흙을 퍼낼 때 이들을 발견했어요.

34 추위를 좋아하는 박테리아가 남극 얼음 밑에 살고 있다

모든 미생물이 열을 좋아하는 것은 아니에요. 남극의 빙상 아래 깊은 곳에 살고 있는 미생물도 있어요.

미생물들은 암석이나 암석에서 떨어져 나와 물에 녹아 있는 화학 물질, 그리고 다른 미생물의 부패한 시체를 먹이로 삼아요. 이런 미생물의 존재를 알게 된 과학자들은 다른 행성과 위성의 얼음 아래에도 미생물이 존재하는지 궁금해하고 있죠.

길고 긴 수명

석유를 먹는 미생물은 상온의 바닷물에서 사는 것을 좋아하지 않지만, 포자 형태로 생존할 수 있으며 충분히 뜨거운 곳에 들어가면 다시 활성화돼요. 포자 상태로 수천 년 또는 수백만 년 동안 생존하다가 다른 지하 석유 매장지에 도달하면 다시 활동을 시작하는 거죠. 박테리아는 알려진 생명체 중 회복력이 가장 강해요.

35 생물량의 1만 분의 1을 차지하는 인간

인간은 지구 생물량의 0.01%에 불과해요. 곰팡이의 생물량은 사람보다 약 200배나 많아요. 식물은 전 세계 생물량의 80%를 차지하죠. 박테리아는 인간이나 식물보다 훨씬 더 많지만 그 크기가 매우 작아 총 생물량은 13%에 불과해요.

동물들의 생물량

전 세계의 모든 동물은 총 생물량의 0.44%에 불과하며, 곤충이 그 가운데 절반을 차지해요. 나머지는 어류가 대부분이죠. 남은 작은 부분 중에서는 가축(농장 동물)이 많은 부분을 차지해요. 전체 조류와 포유류의 생물량 가운데 가축과 반려동물이 거의 92%를 차지하며, 야생 포유류와 조류는 8%가 조금 넘어요.

생물량과 무게

과학자들은 종종 다양한 종류의 생물체에 갇혀 있는 탄소의 양을 합산하여 생물량을 비교해요. 하지만 이것은 다양한 종류의 생물체의 총 질량과는 달라요. 인간과 같은 동물은 체중의 약 60%가 (생물량에 포함되지 않는) 물이지만, 어떤 식물은 90%, 해파리는 95%가 물이에요. 따라서 인간의 생물량은 해파리 생물량의 절반 정도이지만 해파리와 그 친척의 질량은 인간 전체 질량의 약 13배에 달해요.

알고 있나요?

해파리와 해파리 친척의 생물량은 모든 가축의 생물량만큼이나 커요.

36 거미와 오징어의 피는 파랗다고?

거미와 오징어만 그런 게 아니에요. 문어, 바닷가재 같은 갑각류, 민달팽이와 달팽이 같은 일부 연체동물도 마찬가지예요.

여러 색깔의 피

피가 빨간색인 이유는 산소를 운반하는 화학 물질인 헤모글로빈에 철이 들어 있기 때문이에요. 산소가 철에 붙으면 녹과 같은 물질인 산화 철이 만들어지는데 이것이 바로 빨간색이에요. 오징어나 바닷가재 같은 동물에는 산소를 운반하는 다른 화학 물질이 들어 있어요. 바로 헤모시아닌(헤모사이아닌)이죠. 그런데 여기에는 철 대신 구리가 들어 있어요. 헤모시아닌의 구리에 산소가 결합하여 파란색 화합물이 만들어지죠. 피에는 빨간색과 파란색만 있는 게 아니에요. 어떤 벌레와 거머리, 그리고 뉴기니에 사는 도마뱀은 초록색 피를 가지고 있어요. 그리고 바다에는 피가 보라색인 벌레도 있어요.

37 푸른 피가 없는 정맥

피부가 창백한 사람의 피부 밑으로 피를 운반하는 정맥이 파란 것을 본 적이 있을 거예요. 하지만 베인 상처의 피는 항상 빨간색이죠. 산소가 빠져나간 피는 파란색이 된다고 생각하는 사람도 있지만 그렇지 않아요. 더 진한 빨간색이에요.

정맥의 색깔

정맥은 피부 아래에 있으며, 피부는 파란빛을 제외한 모든 빛을 흡수해요. 즉 정맥에서는 파란색 빛만 반사되는 것이죠. 정확한 색깔은 정맥벽의 두께에 따라 달라져요. 작은 정맥일수록 정맥벽이 더 얇고 반투명하여 혈액이 더 붉게 보여요.

38 바퀴벌레는 머리가 없어도 살 수 있다고?

바퀴벌레는 최대 3주까지 생존할 수 있지만 그 이후에는 굶주림이나 탈수(물 부족)로 죽어요. 먹고 마시는 것 외에도 머리가 하는 일들이 있잖아요. 그런데 바퀴벌레는 다른 방법으로 그 일들을 할 수 있어요!

쉬운 호흡

바퀴벌레는 코와 입으로 숨을 쉬어요. 머리가 없다면 숨을 쉴 수 없겠지만, 바퀴벌레와 메뚜기 같은 일부 곤충은 몸에 있는 '기문(숨구멍)'이라는 구멍을 통해 숨을 쉬지요. 기문은 몸의 관으로 연결되어 산소(O_2)를 흡입하고 이산화 탄소(CO_2)를 다시 공기 중으로 내보내요. 바퀴벌레는 숨을 쉴 때 근육을 사용하지 않아요. 그래서 바퀴벌레가 아무것도 하지 않아도 공기가 들어오고 나가죠. 모든 곤충이 마찬가지예요.

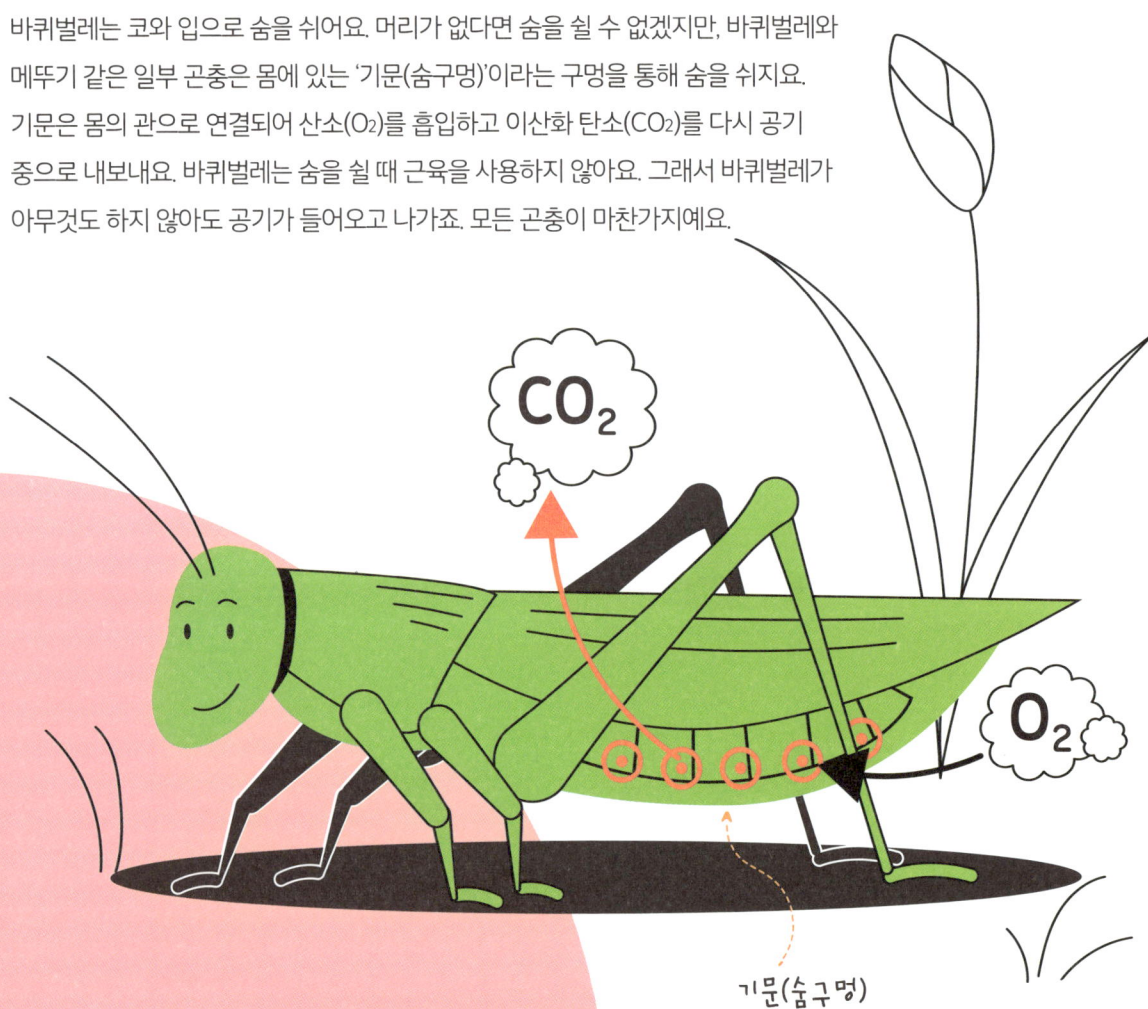

기문(숨구멍)

피를 멈추는 바퀴벌레의 몸

머리가 잘린 동물은 피를 흘리며 죽어요. 하지만 바퀴벌레는 사람처럼 몸 전체에 피를 펌프질하는 심장이 없어요. 목에서 피가 천천히 새어 나오지만 피를 많이 흘리기도 전에 막히고 응고되어 딱지가 생기죠. 하지만 포유류는 상처를 통해 피가 새어 나와도 심장이 계속 펌프질하기 때문에 금새 많은 양의 피를 잃게 돼요.

정처 없이 다니는 바퀴벌레

바퀴벌레는 눈과 더듬이를 사용하여 먹이와 물을 찾아다녀요. 하지만 머리가 없으면 눈과 더듬이의 기능을 사용할 수 없으니 정처 없이 돌아다닐 뿐이죠. 먹이와 물을 찾았다고 해도 머리가 없으면 먹거나 마실 수 없어서 결국 죽게 돼요. 다른 동물에게 먼저 잡아먹히지 않는다면 말이에요.

39 순록의 눈은 겨울에 황금색에서 파란색으로 변한다

순록은 북극 지방에 살아요. 겨울이 춥고 어두운 곳이죠. 한겨울에는 햇빛이 비치지 않아서 순록이 볼 수 있는 빛이 거의 없어요. 순록의 눈은 빛을 더 많이 받아들이도록 구조가 변화하여 어두운 곳에서 더 잘 볼 수 있게 되는데 이때 눈은 파란색이 돼요.

겨울의 밝고 푸른 눈

망막은 눈의 뒤쪽에 있는 층으로, 시각에 사용되는 빛에 민감한 세포가 들어 있어요. 빛에 민감한 세포 사이에는 콜라겐 섬유가 있어요. 겨울에는 순록의 눈 안쪽의 압력이 증가하여 섬유가 서로 가깝게 밀착되고 그 결과 망막에서 더 푸른 빛이 반사돼요.

여름의 황금빛 눈

북극의 여름은 거의 하루 종일 햇빛이 비쳐요. 순록의 눈은 압력이 내려가서 콜라겐 섬유가 더 많이 퍼지고 눈에 들어오는 빛을 더 많이 반사하죠. 그러면 눈이 노랗거나 황금색으로 보이게 돼요.

사람의 눈은 변할 수 있지만 한 번만 변할 수 있다

계절에 따라 눈의 색깔이 변하는 것이 가장 먼저 밝혀진 동물은 순록이에요. 사람 눈은 겨울과 여름, 1년 내내 같은 상태예요. 사람 눈 색깔이 파란색, 초록색, 갈색으로 다양한 까닭은 눈의 한 부분인 홍채에 있는 멜라닌 색소가 다르기 때문이에요. 파란 눈을 가지고 태어난 아기들의 눈동자 색깔은 첫 1~2년 동안 초록색이나 갈색으로 변해요. 태어날 때는 눈에 멜라닌이 많지 않았지만 시간이 지남에 따라 쌓이기 때문이죠.

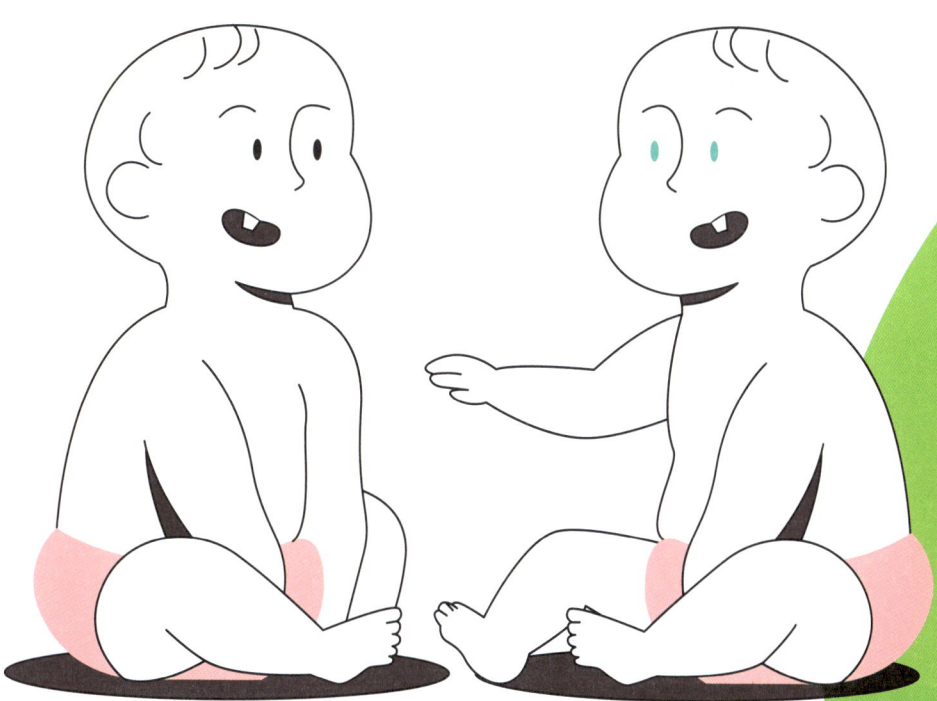

40 상어를 등 긁는 도구로 사용하는 참치

상어 피부는 '방패 비늘'이라는 작은 이빨 같은 돌기로 덮여 있어요.
상어를 한 방향으로 쓰다듬으면(시도하지 마세요!) 피부가 매끄럽게 느껴지지만
다른 방향으로 쓰다듬으면 사포처럼 느껴져요.
참치는 상어의 이빨에서 최대한 멀리 떨어진 상어의 뒷부분에 몸을 대고 긁어요.
자기 몸의 기생충을 떨어뜨리는 거죠.

기생 생물

기생 생물은 다른 생명체(숙주)의 내부 또는 표면에 살면서 숙주에서 먹이를 얻는 생명체예요. 큰 동물의 몸속에 사는 촌충과 동물의 피부에 사는 이와 벼룩이 기생 생물이죠. 겨우살이처럼 나무에서 자라며 나무껍질에 뿌리를 내리는 식물도 기생 생물이에요. 기생 생물은 숙주가 먹을 음식물을 대신 먹어서 숙주가 섭취할 양분을 줄어들게 만들죠. 숙주의 피(숙주가 동물인 경우)나 수액(식물인 경우)을 먹는 기생 생물도 있어요. 벌레, 이, 벼룩 같은 기생 생물은 인간에게 기생할 수도 있답니다.

기생 생물 제거하기

기생 생물을 제거하는 것은 많은 동물에게 숙제예요. 기생 생물이 너무 많으면 먹이 부족이나 출혈로 자신이 죽을 수 있거든요. 동물이나 식물을 감염시키고 해를 끼칠 수 있는 질병을 옮기는 기생 생물도 있어요. 원숭이와 같은 일부 포유류는 친구나 친척에게서 기생 생물을 떼어 내기도 해요. 이런 몸단장은 도움이 되며 동물 사이에 강한 사회적 유대감을 만들어 주죠. 물고기는 팔이 없어서 자기 몸이나 친척에게서 기생 생물을 떼어 낼 수 없어요. 하지만 어떤 물건에 몸을 대고 긁어서 떼 낼 수는 있지요.

41 내 몸의 절반은 내가 아니다

우리 몸에는 몸의 일부가 아니지만
우리 몸이 제대로 작동하는 데 필수적인
수많은 미생물이 살고 있어요.

내 몸에는 수십조 개의 작은 손님들이 있어요.

모든 곳에 있는 세포

모든 생명체는 세포로 되어 있어요. 세포는 다양한 종류의 독립된 단위죠. 우리 몸에는 근육 세포, 뼈세포, 피부 세포와 기타 여러 종류의 세포가 있어요. 미생물이라고 하는 아주 작은 생명체는 세포 하나로만 되어 있어요(39쪽 참조). 이들 중 일부는 박테리아로 매우 단순한 세포죠. 박테리아는 물, 흙, 심지어 바위 속까지 모든 곳에 살고 있어요. 그리고 여러분을 포함한 다른 더 큰 생명체 안에도 많이 살고 있죠.

수십조 개의 세포들

어른 몸에는 약 200가지 종류의 세포가 약 30조 개, 즉 30,000,000,000,000개 있어요. 몸 안팎에는 이와 비슷한 수의 세포들이 더 존재해요. 이들은 사람 세포가 아니에요. 우리 몸은 살아가는 데 우리 몸에서 만들어지지 않은 세포에 많은 부분을 의존하고 있어요!

나쁜 박테리아와 좋은 박테리아

일부 박테리아는 질병이나 감염을 일으켜요. 넘어져서 상처가 나거나 베이고 스쳤을 때, 감염을 일으키는 박테리아를 제거하기 위해서는 상처 부위를 깨끗이 씻어야 해요. 하지만 모든 박테리아가 나쁜 것은 아니에요. 대부분은 우리에게 전혀 영향을 미치지 않고, 어떤 것들은 도움이 되기도 하죠! 창자에 사는 박테리아는 섭취한 음식을 분해하는 데 도움을 줘요. 박테리아가 없으면 음식을 제대로 소화할 수 없어요. 피부에도 박테리아가 많이 살아요. 여러분 각자의 개인적인 박테리아 모음을 '마이크로바이옴(미생물군 유전체)'이라고 해요.

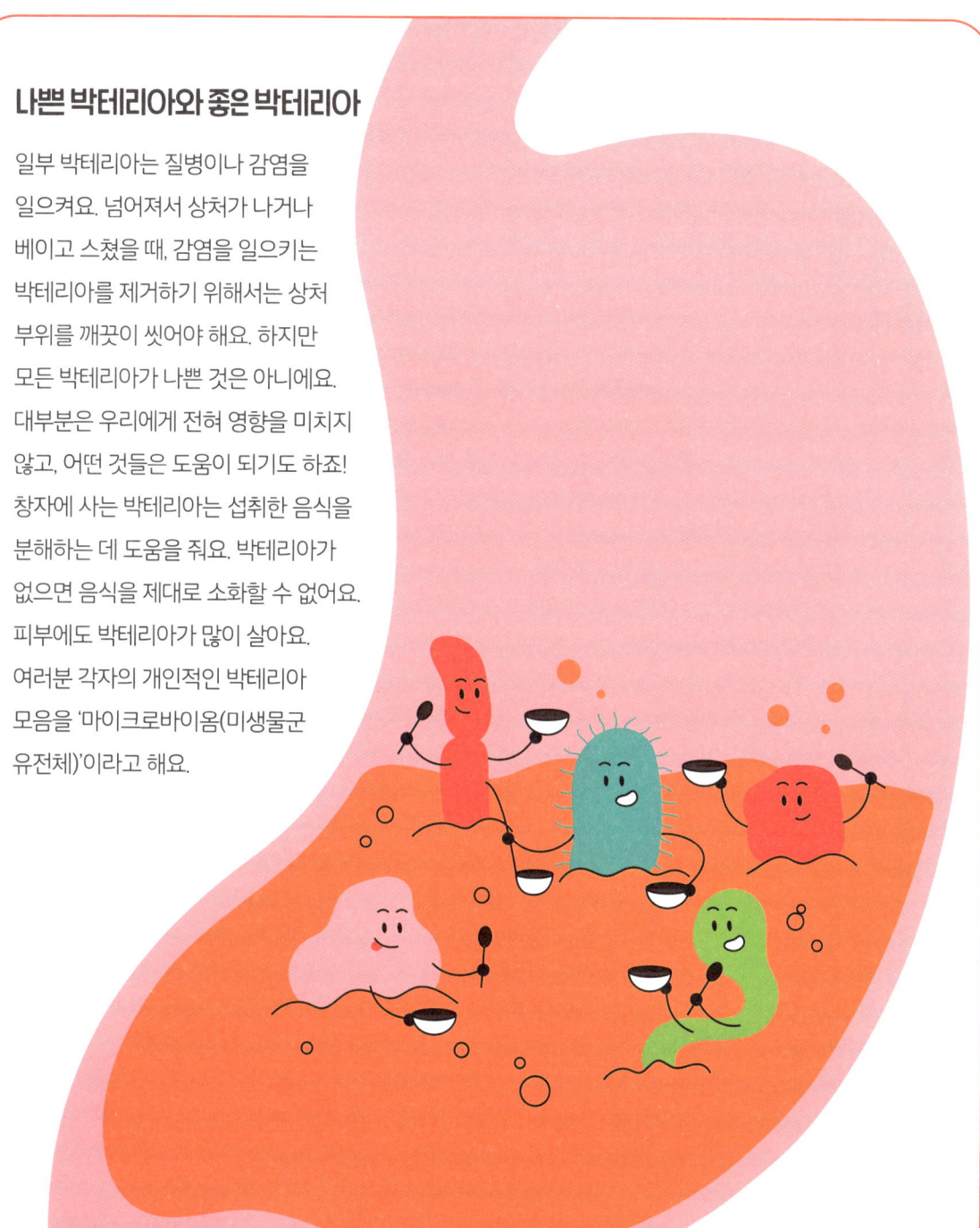

42 귀뚜라미로 온도를 알 수 있다고?

귀뚜라미는 메뚜기처럼 날개가 있고 뒷다리가 긴 곤충이에요. 귀뚜라미는 우는 소리로 여름에 쉽게 알아볼 수 있죠. 놀랍게도 귀뚜라미가 내는 소리의 속도는 온도와 정확히 일치해요. 날이 더워지거나 추워지면 귀뚜라미 울음소리가 달라지죠. 방법만 알고 있으면 귀뚜라미를 온도계로 사용할 수 있을 정도예요.

귀뚜라미로 계산하기

귀뚜라미가 25초 동안 몇 번이나 울었는지 센 후 그 수를 3으로 나눈 다음 4를 더하면 귀뚜라미로 온도를 계산할 수 있어요. 이렇게 하면 온도를 알 수 있지요. 귀뚜라미가 25초 동안 60번 울면 온도는 24°C예요.

귀뚜라미 울음소리

귀뚜라미는 날개를 서로 문질러서 우는 소리를 내요. 날개에는 돌기가 달려 있어요. 양쪽 날개를 문지르면 빗으로 손톱을 문지르는 것 같은 소리가 나죠. 귀뚜라미가 소리를 내려면 근육을 움직여야 해서 귀뚜라미의 울음소리는 근육이 정해요. 근육은 따뜻할 때 더 쉽게 움직여요. 운동하기 전에 준비 운동을 하면 근육이 더 잘 움직이고 부상을 예방할 수 있는 것처럼요. 귀뚜라미는 대부분 수컷이 소리를 내요. 수컷 귀뚜라미는 소리로 암컷을 유인하고 경쟁하는 수컷 귀뚜라미에게 경고하죠.

알고 있나요?

귀뚜라미는 앞다리 한 쌍에 귀가 있어요. 귀뚜라미는 동물계에서 몸 크기와 비교하면 귀가 가장 작아요.

43 사람은 태어나기 전에는 꼬리가 있다

인간 배아가 아기로 성장하는 데는 9개월이 걸려요. 그 사이에 많은 변화를 겪으면서 작은 세포 덩어리는 아기가 되지요. 초기에는 꼬리가 있지만 서서히 줄어들고 아기가 태어날 무렵에는 모두 사라져요.

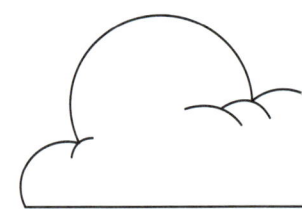

안쪽 꼬리

인간은 꼬리를 가졌던 초기 포유류에서 진화했어요. 꼬리를 키우는 유전자는 여전히 우리 몸 안에 있지만 배아를 넘어 성장한 후에는 작동하지 않아요. 임신 11주부터의 인간 배아를 태아라고 해요. 태아는 꼬리로 시작하지만, 태아가 커짐에 따라 꼬리는 자라지 않는다기보다는 오히려 줄어들어요. 대신 꼬리는 몸 안에서 꼬리뼈, 즉 미골이 돼요. 꼬리뼈는 엉덩이 바로 위의 척추 아래쪽에 있어요.

바깥쪽 꼬리

간혹 꼬리를 조금 가지고 태어나는 사람도 있지만 원숭이 꼬리처럼 유용하게 쓰일 만큼 길지는 않아요.

아가미도 있었어요!

진화의 역사를 거슬러 올라가면, 네발 달린 포유류는 모두 물고기 같은 동물에서 진화해 물에서 나와 육지에서 살게 되었어요. 모든 물고기는 아가미가 있으며, 포유류의 몸에도 아가미를 성장시키는 유전자가 여전히 존재해요. 초기 배아의 목에 있는 틈새는 아주 오래된 조상들이 물속에서 숨을 쉴 때 사용했던 아가미처럼 생겼어요.

44 꿀벌은 전기가 통한다고?

꿀벌 떼는 폭풍구름이나 전기먼지구름보다 더 강한 전기를 생산해요. 꿀벌은 같은 부피에서 폭풍구름보다 최대 8배, 전기먼지구름보다 최대 6배 강한 전기를 만들어 내요. 벌떼의 밀도가 높을수록 더 강한 전기를 생산하는데, 1m³의 벌당 최대 약 1,000볼트를 생산해요.

벌과 전기

벌이 공중에서 날개를 움직일 때 마찰로 인해 우연히 정전기가 생겨요. 아니면 우리가 모르는 어떤 목적을 위해 일부러 전기를 만드는지도 모르겠어요. 뒤영벌의 몸에 있는 털은 꽃에서 발생하는 전기장에 반응하는데, 뒤영벌은 이 감각을 이용해 먹이를 찾는다고 해요. 꿀벌은 꽃이 있는 곳에 대한 정보를 공유하기 위해 팔자춤을 추는데 이때 전기장의 변화를 감지하는 능력이 의사소통에 도움이 돼요.

전기를 감지하는 다른 감각

전기장을 감지하는 다른 동물들은 인간에게 없는 추가적인 감각을 사용해요. 인간은 시각, 청각, 후각, 미각, 촉각을 사용해 외부 세계에 대한 정보를 찾아요. 상어, 돌고래, 양서류, 일부 어류, 오리너구리와 바늘두더지 같은 동물은 먹이 동물이 만들어 내는 전기를 감지해요. 이러한 감각을 '전기 수용'이라고 하죠. 이 감각은 여러 동물에서 개별적으로 진화했어요. 대부분 동물은 물을 통해 전기를 감지하는데 꿀벌은 공기를 통해 전기를 감지하죠.

45 새로운 불가사리로 자라는 불가사리 다리

불가사리가 다리를 잃으면 새 다리가 자란다는 사실은 널리 알려져 있어요. 그런데 때로는 불가사리 다리 자체가 새로운 몸통과 4개의 다리로 자랄 수도 있어요!

46 꼬리를 잘라 낼 수 있는 도마뱀

포식자에게 잡힌 도마뱀은 일부러 꼬리를 떨어뜨려요. 잘린 꼬리가 땅바닥에서 꿈틀거리면서 포식자를 당황하게 하는 동안 도마뱀은 도망치죠. 도마뱀에게는 새로운 꼬리가 자라요. 새로 생긴 꼬리 가운데에는 뼈가 아닌 연골만 들어 있어요.

새로운 부분 만들기

모든 동물의 몸에는 다양한 종류의 세포가 있어요. 인간도 뼈세포, 피부 세포, 혈액 세포 등 다양한 종류의 세포를 가지고 있지요. 우리는 엄마 자궁에서 자랄 때 1개의 세포로 시작했지만 곧 각기 다른 종류의 세포가 되거나 그런 세포를 만들 수 있는 몇 가지 세포로 갈라졌어요. 이를 '줄기세포'라고 해요.

나중에 뼈 내부 같은 특별한 장소에 몇 가지 줄기세포를 보관하지만 그렇다고 새로운 다리를 자라게 할 수는 없어요.

불가사리는 몸의 중앙에 새 다리를 자라게 할 수 있는 줄기세포가 있어요. 불가사리는 필요한 모든 종류의 세포를 만들고 적절한 방식으로 배열하여 손실된 부분을 대체할 수 있죠. 불가사리를 반으로 자르면 양쪽에서 새로운 다리가 자랄 수 있어요. 그리고 팔의 중간 부분이 여전히 붙어 있는 한, 줄기세포는 그 주위에 완전히 새로운 불가사리를 자라게 할 수도 있답니다!

47 잘게 잘린 해면동물은 스스로 다시 조립할 수 있다고?

해면동물은 바다에 살아요. 해면동물은 작은 조각으로 잘려도 그 조각들이 가라앉으면 다시 결합해서 새로운 해면동물이 될 수 있어요.

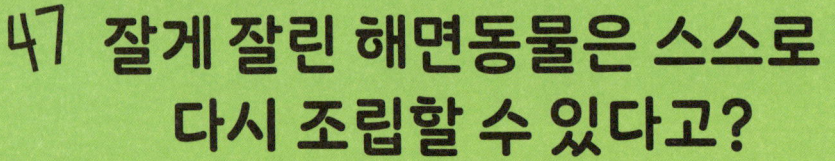

아주 단순한 해면동물의 몸체

해면동물의 몸체는 단순한 몇 가지 세포 유형으로 되어 있어요. 뇌, 뼈, 심장, 허파와 같은 복잡한 구조가 전혀 없지요. 인간과 달리 일정한 신체 구조도 없어요. 우리는 머리는 위쪽에, 다리는 아래쪽에, 팔은 양옆에 있고, 중요한 신체 기관은 모두 가운데에 있죠. 주요 감각 기관인 눈, 귀, 입, 코는 머리에 모여 있고요. 해면동물은 머리, 팔, 다리, 신체 기관이나 특별한 감각 기관이 따로 없어요. 해면동물은 컵 모양이나 젤리 모양인 경우가 많아요. 해면동물에는 두 종류의 세포와 두 세포 사이의 틈을 메우고 해면동물의 모양을 유지하는 젤리 같은 물질이 있어요. 한 종류의 세포에는 물속에서 물결치는, 움직이는 실인 '편모'가 있어요. 편모는 해면동물 안으로 물이 흐르게 하고, 해면동물은 물에서 먹이를 흡수해요. 이 동물은 매우 단순해서 두 가지 세포가 적당하게 모이기만 하면 끔찍한 사고 후에도 스스로 다시 조립할 수 있어요. 폭풍우로 인해 부서진 해면동물의 조각은 재생되고 새로운 세포가 자라나 새로운 삶을 시작할 수 있어요.

48 넙치는 두 눈이 몸 한쪽에 있다

대부분의 동물은 좌우가 일치하는 2개의 반쪽을 가지고 있어요. 2개의 반쪽은 서로에 대해 거울 이미지예요. 하지만 넙치는 양쪽 눈이 머리의 한쪽에 모여 있고, 양쪽이 매우 다르게 보이죠.

왼쪽과 오른쪽, 아니면 위와 아래?

넙치는 바다 바닥에 살아요. 넙치는 얇고 납작하며, 눈은 위쪽에 있고 입은 보통 아래에 있죠. 하지만 위와 아래가 한때는 왼쪽과 오른쪽이었어요. 물속에서 똑바로 서서 양쪽에 눈을 가지고 헤엄치던 조상에서 진화한 물고기거든요. 그들은 위아래로 납작해지지 않고 한쪽으로 기울어졌어요. 모래 속을 똑바로 내려다보는 눈은 아무 소용이 없었어요(불편했을 수도 있겠죠). 옆에 있던 눈이 위쪽으로 이동하여 두 눈이 물고기의 같은 쪽에 놓이게 되었어요.

> **이동하는 눈**
>
> 물속 새끼 넙치도 태어날 때는 다른 물고기처럼 양쪽에 눈이 하나씩 있어요. 자라면서 눈이 점차 움직이죠.

방사 대칭

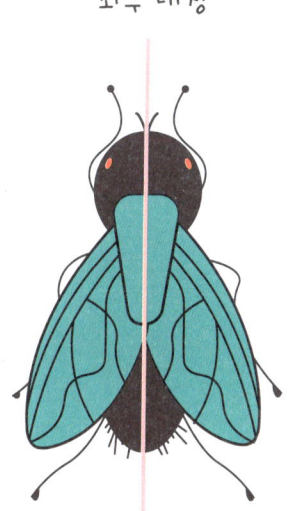
좌우 대칭

49 왼쪽과 오른쪽이 없는 불가사리

인간을 비롯한 많은 생물은 위에서 아래로, 수직으로 반으로 나뉘는 대칭축이 있어요. 왼쪽과 오른쪽은 동일하게 보여요. 이를 '좌우 대칭'이라고 해요. 하지만 불가사리와 그 친척을 포함한 몇몇 동물은 '방사 대칭'이에요. 즉 불가사리는 다리 하나와 중앙 몸통의 일부분을 떼어 내어 회전시키면서 다리를 5번 이상 복사하여 '만들어요'. 불가사리에게는 위와 아래는 있지만 왼쪽과 오른쪽은 없는 거죠.

50 나무의 가장 오래된 부분은 한가운데다

나무는 매년 새로운 층을 쌓으며, 나무줄기의 가장 오래된 부분은 바로 가운데 부분이에요. 나무를 베어 내면 그 안에 있는 나이테를 세어 나무의 나이를 알 수 있죠. 하지만 아직 살아 있는 동안에는 나무의 나이를 정확히 알기 어려워요.

나무에 기록된 역사

나무의 가장 중심부는 수백 년 또는 수천 년 전에 묘목으로 자랐던 부분이에요. 박물관에서 나이테가 만들어질 당시 세상에 어떤 일이 있었는지를 보여 주는 라벨이 붙은 오래된 나무 조각을 본 적이 있을 거예요. 나무는 따뜻한 여름에는 빨리 자라고 겨울에는 천천히 자라요. 나무줄기에는 밝은 줄무늬와 어두운 줄무늬, 즉 나이테가 있는데, 둘 중 하나만 세어도 나이를 알 수 있어요. 넓고 밝은 줄무늬는 봄과 여름에 성장한 부분이에요. 가늘고 어두운 나이테는 성장이 느려지거나 멈춘 겨울을 나타내요.

나이테로 알아보는 과거의 세계

과학자들은 나이테를 통해 과거의 기후를 알아낼 수 있어요. 유난히 건조한 때에는 나무는 잘 자라지 못하고 얇은 나이테만 남겨요. 나무는 서늘하거나 따뜻하고(너무 덥거나 춥지 않아야 함) 습할 때 가장 잘 자라며 가장 두꺼운 나이테를 남겨요.

나무에 나이테가 많을수록 나무가 오래되었다는 뜻이에요.

이 나이테는 나무가 벌목된 시기를 표시해요.

가장 안쪽에 있는 나이테는 나무가 묘목이었던 시기를 나타내죠.

51 사자는 대부분 게으르다고?

적어도 우리에게는 사자가 게으른 것처럼 보여요. 사자는 하루에 최대 21시간 동안 누워서 쉬거나 잠을 자거든요. 게으른 걸까요? 그럴지도 모르지만 게으름은 사자들에겐 좋은 것이에요.

밤과 낮

사자가 사는 지역은 한낮에 매우 더워요. 또 빛이 많고 숨을 곳이 많지 않지요. 사자가 낮에 가젤이나 누(영양)처럼 빠르게 움직이는 동물을 사냥하는 것은 매우 어리석은 일이에요. 숨을 수 있는 장소가 많지 않고, 뜨거운 햇볕 아래서 많이 뛰어다녀야만 사냥을 할 수 있기 때문이지요. 사자가 지쳐서 먹이를 잡지 못할 수도 있어요. 대신 사자는 날씨가 서늘하고 하늘이 어두울 때 사냥을 해요. 그늘에서 어슬렁대기가 쉬우며, 사냥하는 동안 더 시원하게 지낼 수 있거든요.

에너지 절약

동물은 에너지를 아껴야 해요. 인간은 별다른 노력 없이도 필요할 때마다 먹이를 구할 수 있다는 점에서 특이하죠. 동물들의 경우 먹이에서 얻는 에너지는 귀중하고 구하기 힘들어요. 좋지 않은 시기에 사냥을 하느라 에너지를 낭비해서는 안 되죠. 하루 종일 게으름 피우다가 사냥감들이 자신을 잘 볼 수 없는 선선한 저녁에 사냥을 하는 것이 훨씬 나아요.

52 대부분 새것인 우리 몸

모든 생명체와 마찬가지로 우리의 몸도 세포로 되어 있어요. 대부분 세포는 오래가지 못해요. 세포가 닳아서 교체되어야 하죠. 다행히도 우리 몸은 평생 동안 새로운 세포를 생성하는 데 능숙해요. 현재 우리 몸에는 태어났을 때의 세포는 물론이고 작년에 만들어진 세포도 거의 없어요.

새 세포 만들기와 교체

세포는 자신의 내부를 복사한 다음 둘로 분열하여 더 많은 세포를 만들어요. 새로운 세포는 원래 세포의 정확한 복사본이에요. 다양한 종류의 세포가 서로 다른 속도로 자신을 대체하기 위해 번식하죠. 창자를 감싸고 있는 세포는 수명이 짧아서 2~3일밖에 살지 못해요. 피부는 더 오래가지만 2~3개월마다 완전히 새로운 피부로 바뀌죠. 뼈세포의 수명은 약 10년이므로 매년 골격의 약 10분의 1이 교체돼요. 하지만 뇌세포는 평생 동안 지속되어야 하므로 잘 관리해야 해요!

화학 엔진, 세포

세포는 신체를 유지하는 데 필요한 모든 화학 작업을 수행하는 작은 엔진이에요. 많은 세포가 에너지를 저장하고 방출하는 데 관여해요. 세포는 음식, 음료, 공기 중의 화학 물질을 사용하죠. 세포가 하는 일 중 하나는 새로운 세포를 만들고, 닳거나 손상된 세포를 교체하는 것이에요.

53 포식자는 다른 포식자를 좀처럼 잡아먹지 않는다

사자가 치타나 악어를 잡아먹는다는 이야기를 들어 본 적이 없을 거예요. 사자는 보통 육식 동물보다는 초식 동물을 먹어요. 육식 동물이 맛없어서가 아니에요. 반격을 받을 수 있기 때문이기도 하지만, 대부분 음식을 통해 에너지를 생산하고 처리하는 방식에 따른 결과랍니다.

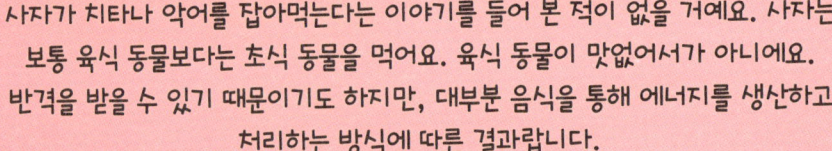

레벨 1(식물)에서 시작하기

과학자들은 먹이에서 전달되는 에너지의 수준을 의미하는 '영양 단계'에 대해 이야기해요. 모든 생명의 궁극적인 에너지원은 햇빛이에요. 식물은 햇빛을 이용해 잎, 뿌리, 줄기, 씨앗, 열매를 만들어요. 식물은 레벨 1 생물이지만 태양에서 얻은 에너지의 약 10%만 잠재적인 식품으로 전환해요. 레벨 2 생물은 초식 동물이에요. 이들은 식물을 먹은 다음 식물에서 얻은 에너지와 화학 물질을 이용하여 자신의 몸을 만들어요.

축하합니다, 레벨 3(육식 동물)에 도달하셨습니다

육식 동물은 레벨 3 생물이에요. 이들은 레벨 2인 초식 동물을 먹지요. 하지만 초식 동물도 먹이를 통해 얻은 에너지를 모두 성장에 투입하지는 않아요. 그들은 뛰어다니고, 체온을 유지하고, 번식하고, 살아가는 데 많은 에너지를 소비해요. 섭취한 먹이 에너지의 약 10%만이 몸 안에 저장되어 자신을 잡아먹는 육식 동물에게 전달되죠. 육식 동물도 뛰어다니고, 번식하고, 체온을 유지해요. 만약 다른 동물이 그 육식 동물을 먹으면 식물의 원래 에너지의 1,000분의 1밖에 얻지 못하므로 매우 비효율적이죠.

54 모든 네발 동물은 물고기에서 진화했다고?

인류의 고대 조상은 4억 년 전 바다를 헤엄치던 물고기였어요. 사실 인간은 민달팽이, 전갈, 곤충과 같은 일부 육상 동물보다 물고기와 더 가까운 친척 관계에 있지요.

처음에는 모두 물에서 출발했다

지구상의 생명체는 아마도 바다나 육지의 웅덩이와 같은 물속에서 진화했을 거예요. 물과 화학 물질을 교환하는 작은 세포에서 시작하여 수십억 년에 걸쳐 물고기, 바다 전갈, 오징어의 초기 친척과 같은 복잡한 동물로 발전했지요. 약 5억 년 전까지만 해도 지구의 대기에는 해로운 방사선이 너무 많이 있어 육지에서 살 수 있는 생명체가 없었어요. 몇몇 해조류만 바위 위로 퍼졌을 뿐 생물 대부분은 안전한 물속에만 머물렀지요.

새로운 공기, 새로운 동물

대기가 변화하여 오존층이 형성되자 생물은 마침내 육지로 진출할 수 있었어요. 지네와 전갈처럼 딱딱한 외골격이 있는 갑각류가 먼저 등장했지요. 그 후 약 4억 년 전, 일부 물고기는 튼튼하고 울퉁불퉁한 '다리'로 앞지느러미를 강화하여 스스로를 끌고 다닐 수 있게 되었어요. 이런 '사지형 어류'는 해변에서 육지로 올라와 숨을 쉬기 시작했어요. 그 후 물 안팎에서 시간을 보내는 양서류가 생겨났죠. 양서류에서 파충류가 진화했고, 이후 포유류와 조류가 등장했어요. 이 모든 동물은 어류가 바다에서 끌고 온 네발로 움직이는 기본 체형을 가지고 있었으며 지금도 마찬가지예요.

55 새똥 때문에 전쟁이 일어날 뻔한 사건

새똥을 둘러싼 싸움이라고 하면 똥을 없애기 위한 싸움이라고 생각하기 쉽지만, 이 싸움은 똥을 수거하기 위한 싸움이었어요! 새똥이 19세기에 농작물을 위한 비료로 사용되면서 새똥으로 뒤덮인 섬은 귀중한 자원이 되었죠.

이것보다 더 쉬운 방법이 분명히 있을 거예요!

똥에서 식량으로

1850년대 페루 연안의 친차 제도에는 사람이 살지 않았지만 6천만 마리의 새가 살았어요. 이 새들은 수천 년 동안 똥을 엄청나게 많이 누었지요. 비가 거의 내리지 않아서 똥은 거대한 더미로 쌓여만 갔죠. '구아노'라고 부르는 새똥에는 식물이 성장하는 데 필요한 질소가 풍부했어요. 화학자들은 토양에 질소를 첨가하면 농작물이 더 많은 식량을 생산할 수 있다는 사실을 발견하고 질소 공급원을 찾기 시작했어요. 친차 제도는 갑자기 각광받게 되었고, 스페인은 페루의 이 섬을 빼앗았지요. (그러고 나서 1879년 페루에 돌려주었어요.)

알고 있나요?

우리 몸에 있는 질소의 절반은 하버 공법을 거쳐 들어와요. 새를 통해 들어오는 것도 일부 있지요.

어디에나 있는 질소

대기의 대부분은 질소이므로 실제로 질소가 부족하지는 않아요. 문제는 공기의 질소를 식물에게 공급하는 것이에요. 토양의 일부 미생물은 공기 중의 질소를 식물이 사용할 수 있는 화학 물질로 '고정'해요. 세계 인구가 증가함에 따라 식량에 대한 수요도 증가했어요. 사람들은 작은 섬에서 발견되는 새똥에 의존하는 식량 공급에 불안해했어요. 다행히 1900년대 초, 화학자 프리츠 하버는 공기에서 질소를 추출하여 비료에 사용할 화학 물질을 만드는 방법을 발명했어요. 이게 바로 하버 공법이죠. 덕분에 오늘날의 식량 생산은 1900년보다 4배 더 효율적이 되었죠.

56 게는 새로운 말미잘을 만들 수 있다고?

말미잘부채게는 작은 말미잘을 잡아 양쪽 집게발에 하나씩 집어넣어 먹이를 사냥할 때 찌르는 무기로 사용해요. 말미잘부채게는 말미잘이 스스로를 복제하게 하여 필요한 만큼 더 많은 말미잘을 만들 수 있어요.

게와 말미잘의 나눔

말미잘부채게는 말미잘이 없으면 다른 게에게서 말미잘을 훔쳐요. 그러면 빼앗긴 게의 집게발이 하나씩 비게 되므로, 두 게는 말미잘을 반으로 찢어 양쪽의 집게발에 반쪽씩 넣지요. 말미잘은 재생이 가능해서 반쪽 말미잘은 다시 전체 말미잘로 자라요. 즉 게는 필요한 말미잘을 양식할 수 있고, 말미잘은 게에게 필요한 것을 공급하기 위해 번식하죠. 둘로 찢어지는 것 외에도 말미잘은 게와 함께 일하면서 이득을 얻어요. 게가 말미잘과 함께 잡은 먹이의 일부를 떨어뜨리면 말미잘은 물속에 떠다니는 찌꺼기를 먹이로 삼아요.

게만 무기 도둑이 아니에요

보라문어는 치명적인 해파리의 촉수를 떼어 내어 자신을 방어하는 데 사용해요. 다른 문어들도 죽은 해파리를 무기로 가지고 다니죠. 문어는 스스로 독을 만들 수는 없지만, 해파리가 만든 독을 이용해 자신을 방어하거나 먹고 싶은 동물을 찌르는 데 사용해요.

독화살개구리의 무기 만들기

남아메리카의 독화살개구리는 스스로 만들 수 없는 무기를 훔치는 데서 더 나아가 독을 먹어요. 독화살개구리는 독이 있는 곤충을 먹은 다음 자신의 몸에 독을 저장하죠. 다른 동물이 이 개구리를 먹으면 독에 중독돼요. 대부분 동물은 독화살개구리를 먹으면 안 된다는 것을 알고 있어요.

57 부동액을 사용하는 북극 물고기

날씨가 자주 영하로 떨어지는 곳에 산다면, 겨울에 차가 얼지 않도록 부동액을 차에 넣는 모습을 볼 수 있을 거예요. 부동액은 얼음이 만들어지기 위해 물 분자들이 결합되는 것을 어렵게 만들지요. 북극의 매우 추운 바다에 사는 물고기는 몸이 얼지 않도록 하는 천연 부동액을 가지고 있어요.

속은 따뜻하게

인간을 포함한 온혈 동물은 먹이에서 섭취하는 에너지로 체온을 조절해요. 물고기를 포함한 냉혈 동물은 그렇게 할 수 없죠. 육지에 사는 냉혈 동물은 햇볕을 쬐면서 몸을 따뜻하게 하고, 바람을 쐬거나 그늘에서 몸을 식혀요. 물고기는 바다의 더 따뜻하거나 시원한 곳으로 이동할 수 있지만 북극에는 따뜻한 곳이 없어요. 핏속의 부동액이 그들을 보호할 뿐이죠.

58 차가운 말미잘은 얼음 밑에서 거꾸로 산다

남극의 바다를 덮고 있는 빙산 밑에는 특별한 종류의 흰 말미잘이 살고 있어요. 이 말미잘은 촉수만 물속으로 늘어뜨린 채 얼음 속에 파묻혀 살아요.

말미잘의 미스터리

말미잘을 발견한 과학자들은 말미잘이 어떻게 얼지 않고 살아남는지, 어떻게 얼음 속으로 파고드는지 밝혀내지 못했어요. 말미잘 대부분은 몸을 바위에 고정하고 촉수를 물 위에서 흔들며 사는데, 얼음 말미잘은 그 반대 방향으로 살아요. 얼음 말미잘은 거꾸로 살 뿐만 아니라 얼음 속에 파묻혀 살기에 쉽게 닳아 없어지지 않아요. 말미잘이 얼음을 녹이는 화학 물질을 만드는 것 같지만 과학자들에게는 여전히 미스터리로 남아 있어요.

59 '미친 모자벌레'는 자신의 남은 머리를 쌓아 무섭게 보인다고?

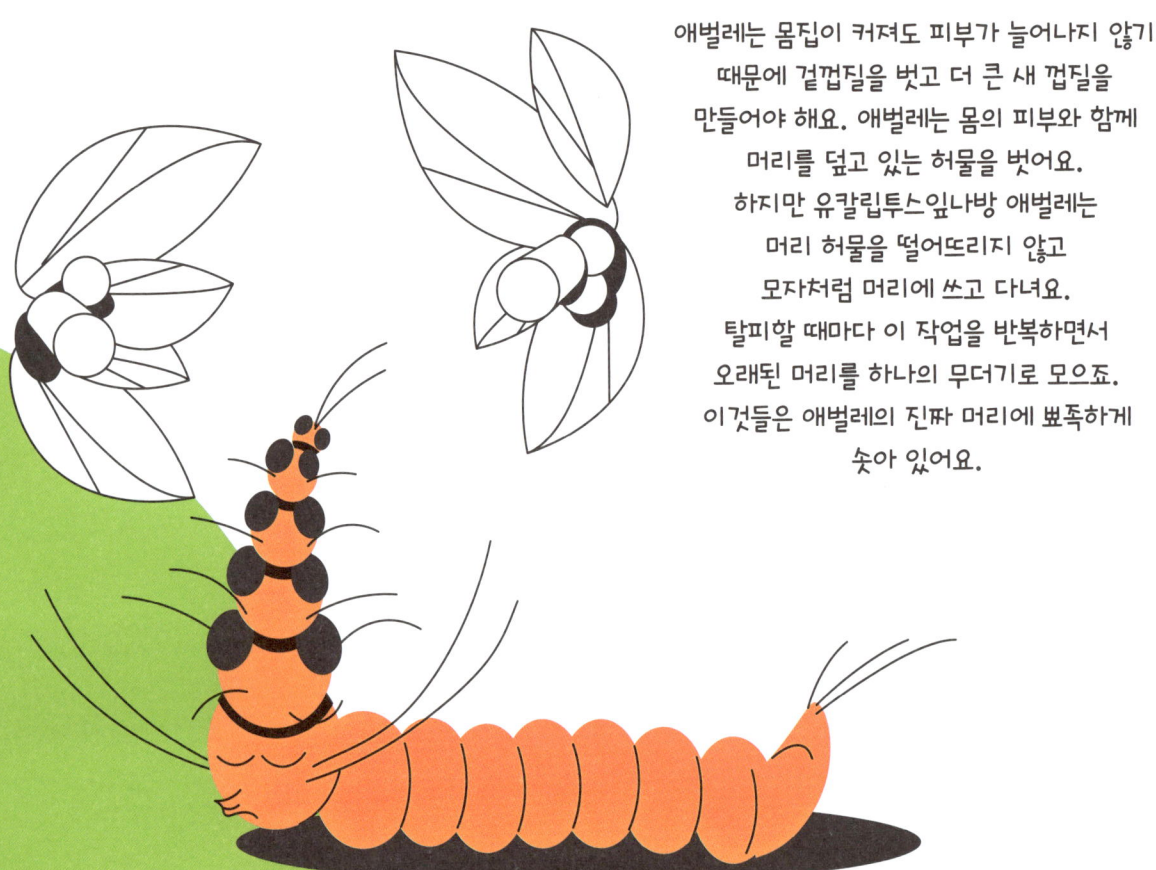

애벌레는 몸집이 커져도 피부가 늘어나지 않기 때문에 겉껍질을 벗고 더 큰 새 껍질을 만들어야 해요. 애벌레는 몸의 피부와 함께 머리를 덮고 있는 허물을 벗어요. 하지만 유칼립투스잎나방 애벌레는 머리 허물을 떨어뜨리지 않고 모자처럼 머리에 쓰고 다녀요. 탈피할 때마다 이 작업을 반복하면서 오래된 머리를 하나의 무더기로 모으죠. 이것들은 애벌레의 진짜 머리에 뾰족하게 솟아 있어요.

머리 둘이 모이면 하나보다 낫다

애벌레에게 왜 여분의 머리가 필요할까요? 전문가들은 포식자의 주의를 분산시키거나 혼란을 주기 위해서라고 생각해요. 보통 애벌레의 머리 부분을 집어 먹는 새에게는 머리가 쌓여 있는 애벌레가 어렵게 느껴질 수 있어요. 하지만 새에게 잡아먹히는 것보다 더 나쁜 일도 있어요. 애벌레의 머릿속에 알을 낳는 기생충이 있거든요. 알에서 부화한 새끼 기생충은 살아 있는 애벌레를 갉아 먹어요. 오래된 머리를 높이 쌓아 모자처럼 쓰면 애벌레의 머리에 알을 낳으려는 기생충으로부터 자신을 보호할 수 있답니다.

애벌레의 보호복

오래된 머리 더미는 애벌레가 자신을 보호하는 특이한 방법이지만 애벌레의 삶은 위험해요. 자신을 보호하기 위해 길고 날카로운 털이나 가시를 키우는 애벌레도 있고, 독이 있는 애벌레도 있어요. 어떤 애벌레는 큰 눈처럼 보이는 무늬가 있어 완전히 다른 동물처럼 보이기도 하죠.

60 해면동물은 자기가 어떻게 생겼는지 모른다

해면동물은 바다에 사는 아주 단순한 생물이에요. 그들은 먹이를 먹고 번식(더 많은 해면동물을 만드는 것)할 수 있지만 소리를 내거나 움직이거나 볼 수 없어요. 심지어 자신과 주변의 해면동물 가족도 볼 수 없답니다. 앞을 볼 수 없는 수많은 단순한 생물 중 하나일 뿐이에요.

나는 내가 안 보이는데, 내가 존재하기는 하는 거야?

볼 수 없었던 생물들

약 5억 5천만 년 전까지는 눈이 아직 진화하지 않았기 때문에 지구에는 볼 수 있는 생명체가 없었어요. 빛과 그늘을 구분할 수 있는 간단한 '안점'이 있는 생물도 사람처럼 해초나 바위를 볼 수는 없었지요. 만약 디킨소니아 같은 아주 초기 동물의 사진이나 화석을 보고 있다면, 당신은 그 동물이 살아 있을 때 다른 어떤 동물도 보지 못했던 장면을 보고 있는 거예요.

눈의 진화

눈은 동물에게 매우 유용하기 때문에 아마도 40번 이상 진화를 거듭해 왔을 거예요. 눈은 빛에 민감한 세포들이 모여 있는 조각에서 시작되었어요. 시간이 지나면서 동물의 몸에 구덩이가 생기고 그 안으로 세포가 들어갔죠. 구덩이 입구에 얇은 보호막이 형성되었고, 이 보호막은 결국 눈구멍 뒤쪽에 이미지의 초점을 맞출 수 있는 렌즈로 진화했어요. 거기서부터 안구(눈알)는 몇 단계의 진화를 더 거쳤어요.

삶의 방식을 바꾼 눈의 진화

눈의 진화는 지구에서의 삶을 영원히 바꿔 놓았어요. 동물들이 서로를 볼 수 있게 되자 먹이를 사냥하기가 훨씬 쉬워졌지요. 그리고 사냥감인 동물들은 포식자가 다가오는 것을 볼 수 있었기 때문에 숨거나 변장하여 눈에 띄지 않게 하였어요.

61 산호에게 좋은 서식지가 되는, 물에 잠긴 비행기

아직 날고 있는 비행기가 아니라 바다에 추락하거나 수장된 오래된 비행기를 말하는 거예요. 산호는 따뜻하고 얕은 바다에 방치된 딱딱한 표면이 있는 다른 물체에서도 자라거든요.

산호의 집 만들기

산호 폴립은 말미잘과 비슷한 작은 동물이에요. 이들은 자신을 보호하기 위해 단단한 껍질을 만들고 바닷물 속에 떠다니는 작은 것들을 먹이로 삼아요. 새로운 산호 폴립은 이전 산호 껍질에 정착하여 집을 지어요. 수백 년에 걸쳐 산호 폴립은 수천 종의 다른 해양 생물에게 중요한 서식처가 되는 거대한 산호초를 형성해요. 산호 폴립은 산호초 안에 서식하며 광합성을 하는 조류에 의존하죠. 조류가 햇빛이 필요하기에 산호초는 얕은 바다에서 자라요.

위험에 처한 산호초

기후 변화와 무책임한 어업은 산호초를 파괴해요. 다양한 화학 물질이 섞인 더운 바다는 산호 폴립과 그 안에 사는 해조류를 죽여요. 해저를 준설하는 배는 산호초를 부숴 버리죠. 산호초가 사라지면 산호초에 사는 다른 동물들도 살 곳이 없어져요. 우리는 산호들이 새로운 산호초를 만들도록 도울 수 있어요.

산호초 맞춤 제작

자연 산호초를 만드는 데는 수년이 걸리지만, 바로 앞바다에 떨어뜨린 구조물 위에 산호초를 만들도록 산호를 유도할 수 있어요. 산호는 탱크, 자동차, 동상 등 거의 모든 물체의 딱딱한 표면에 달라붙을 수 있어요. 산호는 까다로운 집주인이 아니에요! 산호를 종묘장에서 키운 다음 물속에 잠긴 딱딱한 표면의 새집으로 옮겨 번식시키면 새로운 산호초를 만들 수 있어요.

62 아침에 키가 커진다고?

키 측정을 할 때, 일어나자마자 표시하면
키가 더 커졌다고 느낄 수 있어요.
낮에는 머리의 무게와 중력이 몸을 끌어당기면서
등뼈를 서로 가깝게 뭉쳐 키가 작아져요.
밤새 누워 있을 때는 척추가 다시 원래 길이로 늘어나죠.

등뼈의 구성

등뼈는 척추라고 하는 작은 개별 뼈로 구성되어 있어요. 이 뼈들이 모여 척추뼈, 즉 등뼈가 되죠. 각 척추는 추간판(디스크)이라고 하는 둥글고 납작한 쿠션 같은 패드로 분리되어 있어요. 추간판은 뼈가 압력을 받아 갈리거나 서로 부딪히지 않도록 보호해요.

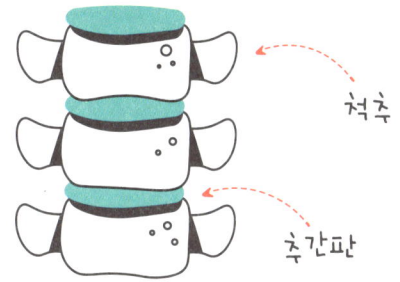

알고 있나요?

우주 비행사는 우주에서 키가 커져요. 우주에서는 중력이 척추를 압박하지 않거든요.

구부릴 수 있는 등

척추뼈가 하나의 단단한 뼈였다면 구부릴 수 없었을 거예요. 작은 뼈 사이에 틈이 많기 때문에 허리와 목을 구부릴 수 있는 거죠. 우리보다 훨씬 더 많이 구부릴 수 있는 동물도 있어요. 고니는 목을 크게 구부릴 수 있고, 뱀은 몸을 물결 모양으로 만들 수 있어요.

63 사람은 기린만큼이나 목뼈가 많다

거의 모든 포유류의 목뼈는 7개예요. 사람이나 목이 짧은 포유류, 심지어 목이 매우 긴 기린도 마찬가지랍니다.

크기와 부피가 큰 기린의 목뼈

기린의 7개의 경추(목뼈)는 각각 사람보다 훨씬 길어요. 목이 7개의 덩어리로만 이루어져 있기 때문에 목을 위아래, 좌우로 구부릴 수 있지만 한계가 있어서 둥그렇게 감을 수는 없어요.

64 아래를 내려다보며 헤엄치는 물고기

다른 동물과 마찬가지로 인간도 시각을 이용하여 길을 찾고,
위험을 피하고, 음식이나 안전한 은신처와 같은 원하는 것을 찾아요. 인간은 2차원의 평면
공간에서만 움직이고 주변의 사물이 대부분 정지해 있어서 시각을 사용하기가 매우 쉬워요.
하지만 물고기는 앞뒤, 좌우, 상하 등 3차원으로 움직이고,
물과 그 안의 모든 것이 물고기 주변에서 움직여요.

물고기가 아래를 보며 헤엄치는 이유

강에서 헤엄치는 물고기는 움직이는 물과 식물, 부스러기, 다른 물고기 등 여러 가지 것들에 둘러싸여 있으며, 이들 역시 움직이고 있어요. 물살은 물고기를 막고, 물고기는 물살을 거슬러서 가고자 하는 곳으로 이동해야 해요. 주변에 있는 모든 게 움직인다면 자기가 어디에 있는지 알 수 없죠. 움직이지 않는 것은 강바닥뿐이에요. 빛과 그림자를 포함한 다른 물체가 강바닥에 대해 어떻게 움직이는지는 물고기에게 어디로 가고 있는지 방향을 제어하는 방법을 알려 줘요. 물고기는 아래를 내려다봄으로써 원하는 곳으로 이동하기 위해 필요한 속도와 방향의 변화를 계산할 수 있어요. 물고기가 어디로 가는지 그리고 거기에 도착했을 때 무엇을 하려고 하는지는 아직 과학이 밝혀내지 못했어요.

65 지구에는 우리 은하인 은하수의 별보다 더 많은 나무가 있다

은하에는 약 1,000억~4,000억 개의 별이 있지만 지구에는 3조(3,000,000,000,000) 그루 이상의 나무가 있어요. 별 하나당 약 10그루의 나무가 있는 셈이죠!

줄어드는 나무의 숫자

나무는 3조 그루 이상 많지만, 인간은 매년 약 150억 그루를 베어 내고 있어요. 우리의 고대 조상들은 6조 그루에 가까운 나무가 있는 세상에서 살았지만, 지난 1만 년 동안 거의 절반이 사라졌어요. 사람들은 농사와 건축을 위해 땅을 개간하고, 연료로 사용하거나 건물과 배를 비롯한 물건을 만들기 위한 목재를 얻으려고 나무를 베었어요.

서늘한 숲과 더운 숲

전 세계 나무의 약 4분의 1이 북아메리카, 러시아, 스칸디나비아의 서늘한 숲에 있어요. 좁은 면적에 가느다란 줄기를 가진 많은 나무가 빽빽하게 들어차 있는 고밀도 숲이죠. 전체 나무의 거의 절반은 열대와 아열대숲에 있어요. 열대 우림은 나무가 빽빽하게 들어차 있지는 않지만 숲의 면적이 더 넓어요. 우리는 이 모든 나무가 필요해요. 나무는 귀중한 생태계를 지탱하고 우리가 숨 쉬는 산소를 공급해요.

66 흙 한 컵에 지구 인구보다 더 많은 미생물이 존재한다고?

흙 한 티스푼에는 10,000가지 종류의 미생물이 약 10억 마리 존재해요.
지구에는 80억 명의 인구가 살고 있으니,
흙 한 컵에는 인구 수에 맞먹는 미생물이 들어 있는 셈이죠.

미생물 도우미

미생물은 흙에서 지구상의 생명을 유지하는 데 필수적인 모든 종류의 작업을 수행해요. 미생물은 폐기물을 분해하여 식물이 사용할 수 있는 화학 물질로 바꿔 주죠. 물을 정화하고 식물을 질병에서 보호하며 다양한 기체를 생산하고 소비해요.

67 식물은 서로에게 경고를 보낸다!

배고픈 애벌레나 곤충이 다가올 때 식물이 서로에게 경고를 보낸다고 생각하지 못하지만, 식물은 사실상 서로에게 경고를 보낸다고 해요! 식물은 도망치거나 큰 소리로 외치지는 못하지만, 공격자를 물리치고 서로에게 위험을 알리는 방법을 갖고 있어요.

화학 물질로 소리치기

공격을 받은 식물은 다른 식물에게 경고음처럼 작용하는 화학 물질을 내보내요. 주변 식물은 공기 중의 화학 물질을 감지하고 잎의 맛을 변화시켜 애벌레와 곤충이 먹을 가치가 없다고 속이죠.

맛 변화 전략

어떤 식물은 잎의 맛을 지독하게 만들어 애벌레가 잎을 먹는 대신 서로를 잡아먹게 만들 수 있어요! 이렇게 하면 잎을 먹는 애벌레의 개체 수는 줄어들고, 남은 애벌레는 이전 친구를 먹고 이미 배가 부른 상태이기 때문에 잎을 덜 먹게 되므로 식물은 2배의 이득을 볼 수 있답니다.

68 들을 수 있는 식물

식물은 귀가 없지만, 잎은 우리가 소리로 듣는 공기의 미세한 움직임에 민감해요. 애벌레가 나뭇잎을 씹는 소리에도 방어적으로 반응할 정도죠! 연구자들이 애벌레가 나뭇잎을 씹는 소리를 녹음해 들려주면, 그 소리를 '들은' 식물의 나뭇잎에서 나쁜 맛이 나기 시작한다고 해요.

알고 있나요?

식물에게 말을 걸거나 음악을 들려주면 식물이 더 잘 자란다는 사실을 밝힌 실험이 있어요. 과학자들은 여전히 그 이유를 알아내기 위해 노력하고 있지요.

69 나무는 사슴의 침을 맛볼 수 있다고?

사슴이 어떤 종류의 나뭇가지를 물면
나무는 애벌레의 공격을 받은 식물과 마찬가지로
화학 물질을 잎에 보내 나쁜 맛을 느끼게 해요.
그러나 사람이 나뭇가지를 부러뜨리면 나무는 잎의 맛을 바꾸지 않고
상처를 치료하기 위한 화학 물질을 보내지요.
나무는 사슴의 침을 '맛'으로 감지하고 자신을 보호하기 위해
행동하는 것이지 단순히 나뭇가지의 손상에 대응하는 것이 아니에요.

말벌의 공격이 시작됩니다!

잎을 갉아 먹는 애벌레의 공격을 받은 느릅나무와 소나무는 악랄한 방법으로 자신을 방어해요. 이들은 애벌레를 잡아먹는 기생 말벌을 유인하는 화학 물질을 생산하죠. 그렇다고 해서 나무가 어떤 종류의 애벌레가 자신을 공격하는지 정확히 알 수 있는 것은 아니에요. 기생 말벌은 나무가 공격을 받을 때 방출하는 화학 물질을 인식하고 애벌레가 있다는 사실을 알아채요. 나무나 말벌 모두 영리한 화학 작용을 하고 있어요!

70 기린은 '말하는' 나무를 막을 수 있다

기린은 나무들이 초식 동물의 공격을 받으면 화학 물질을 공기 중으로 뿜어내어 다가오는 위험에 대해 서로에게 경고한다는 사실을 알고 있는 것 같아요. 기린은 바람을 맞으며 나무에 접근하기 때문에 이미 먹힌 나무가 방출한 화학 물질은 다음 희생 나무가 아닌 다른 나무로 날아가 버리죠. 이미 물린 나무의 경고가 없으면 다음 나무는 잎의 맛을 나쁘게 해야 한다는 사실을 모르게 돼요. 그 결과 기린은 나무에 몰래 다가가 점심을 즐길 수 있죠.

71 기생 버섯이 좀비 개미를 조종한다고?

촌충이나 머릿니 같은 기생충에 감염되면 성가시긴 하지만 좀비로 변하지는 않아요. 그런데 개미는 운이 좋지 않답니다. 개미 몸속에서 자라는 동충하초는 개미 몸의 불필요한 부분을 먹이로 삼아요. 그래서 동충하초가 번식할 시기가 되면 개미는 종말을 맞이하게 돼요.

버섯은 개미의 근육을 조종하여 개미가 식물에 올라가서 단단히 붙어 있게 해요. 그런 다음 버섯이 개미의 뇌를 파괴하고 머리에서 버섯이 자라지요! 버섯은 곰팡이 포자를 바람에 흩뿌려 다시 이 순환을 시작할 준비를 해요.

72 개미를
열매처럼 보이게 하는 벌레

어떤 선충은 숙주(기생 생물에게 영양을 공급하는 생물)인
개미의 몸을 맛있는 딸기처럼 보이도록 변화시켜요.
선충은 보통 검은색인 개미의 몸을 밝은 빨간색으로 변화시키죠.
개미는 (아마도 기생충으로 가득 차 있기 때문에) 더 느리게 움직이고,
배를 다리로부터 들어 올려, 배가 쉽게 떨어질 수 있게 해요.
새들은 개미 사체를 열매로 착각하고 쪼아 먹지요.
개미 몸속의 선충은 새똥으로 배출되고, 새로운 개미가
그 똥을 개미집에 있는 애벌레에게 먹이로 주면 애벌레는
기생충에 감염돼요. 선충은 개미의 몸속에서 개미가
잘 익은 딸기처럼 보일 때까지 성장하고 번식해요.

73 어떤 박테리아는 눈에 보일 정도로 크다고?

대부분의 박테리아는 너무 작아서 현미경 없이는 볼 수 없어요.
하지만 물고기의 창자에서 처음 발견된 어떤 박테리아는 소금 알갱이 크기예요.
그리 크지 않은 것 같지만 박테리아로서는 엄청난 크기죠.
이 박테리아의 부피는 평균 박테리아의 부피의 약 2,000배에 달해요.
사람으로 치면 평균 체격의 사람보다 키가 12배 더 크고, 옆으로도 12배 더 넓다는 뜻이에요.

주름이 생기다

박테리아는 먹지도, 마시지도, 숨을 쉬지도 않아요. 바깥쪽 '피부'를 통해 환경에 필요한 화학 물질을 흡수하죠. 하지만 어떤 유기체가 더 커지면 박테리아의 부피(내부)에 대한 표면적(외부 총량)의 비율이 빠르게 줄어들어요. 그것은 내부 부피에 대한 외부 면적이 훨씬 적다는 것을 의미해요. 이것은 화학 물질이 세포 표면을 통해 안으로 들어가거나 밖으로 나가기 어렵게 만들어요. 크고 뚱뚱한 박테리아는 이것을 해결하려고 외부에 주름을 만들어 표면적을 늘려요.

표면적 늘리기

인간을 포함한 더 큰 생물도 표면적을 늘리기 위해 같은 방법을 사용해요. 뇌의 표면은 매우 복잡하며, 창자의 내부는 표면 전체에 작은 돌기들이 많이 있어요. 허파도 여러 개의 작은 가지로 나뉘어 있고요. 뇌는 표면에서 중요한 작업을 수행하므로 표면적이 넓을수록 더 똑똑해져요. 허파는 기체를 흡수하고 창자는 음식에서 화학 물질을 흡수하므로 표면적이 넓어지면 더 많은 유용한 화학 물질을 체내로 흡수할 수 있지요.

74 자성을 띠는 새

새에게 있는 자성은 아주 미미해요. 많은 새가 지구의 자기장을 감지할 수 있으며, 특히 철에 따라 이동하는 새들은 자기장을 이용해 이동하는 것으로 알려져 있어요. 일부 철새는 부리 윗부분에 철을 함유한 물질인 자철광이 있어 지구의 자기장을 사용할 수 있는 자기 감각이 있어요. 또는 눈의 화학 물질이 자성과 방사선에 반응할 수도 있고요.

자기장을 이용하는 동물들

지구 자기장을 이용하는 동물은 철새들뿐만이 아니에요. 송어도 코에 자철광이 있어요. 상어나 가오리와 같은 어류는 먹이를 찾고 포식자를 피하기 위해 전기장에 반응하며, 이를 위해 사용하는 기관도 자기장을 감지하여 탐색에 도움을 줄 수 있어요. 박쥐, 거북, 초파리, 꿀벌, 심지어 바다 민달팽이도 자기장에 반응하죠. 바다 민달팽이의 한 종류는 보름달이 뜨기 직전에 몸을 동쪽이나 북쪽으로 돌리는데, 이는 지구 자기장의 위치뿐만 아니라 달의 상태도 알 수 있다는 것을 말해요.

주자성 박테리아

어떤 박테리아는 자기장을 따라 일렬로 늘어설 수 있어요. 동물처럼 반응하는 것이 아니라 박테리아에 철분이 많이 들어 있어서 자성을 띠게 되었기 때문에 가능한 일이죠. 몸 안에 자성을 띠는 박테리아가 있어서 자기장을 감지하는 데 도움을 받는 동물도 있어요.

75 개미는 좋은 농부가 된다

동식물을 키워서 식량을 얻는 종은 인간만이 아니에요. 많은 개미 종도 식물, 동물 또는 곰팡이를 재배해요.

나무 높은 곳에서

어떤 개미는 나무껍질의 갈라진 틈에 '착생 식물'의 씨앗을 심고 묘목이 자라는 동안 돌봐 줘요. 착생 식물은 나무에서 자라며 나무의 양분을 먹고 사는 식물이에요. 개미는 때때로 배설물로 재배 식물에게 양분을 제공해요. 어떤 종류의 개미는 식물의 꿀(달콤한 액체)을 먹고, 어떤 개미는 식물을 은신처와 보호용으로 사용해요.

개미와 진딧물

개미의 일부 종은 진딧물을 키워요. 진딧물은 개미가 좋아하는 단물을 만들죠. 개미는 진딧물을 돌보며 포식자로부터 진딧물을 보호하고 겨울에는 진딧물의 알을 보살펴요. 개미는 진딧물을 쓰다듬으면 나오는 꿀을 빨아 먹어요.

곰팡이 농사

개미가 식물을 재배한 역사는 100만~300만 년에 불과하지만, 곰팡이를 재배한 역사는 약 6천만 년에 이르러요. 남아메리카의 잎꾼개미는 나뭇잎 조각을 잘라 지하 농장으로 가져가서 개미의 곰팡이 정원에 '먹이'로 공급해요. 그런 다음 개미는 곰팡이를 먹어요.

특별한 품종

인간 농부와 마찬가지로 개미도 농사짓는 생물을 변화시켰어요. 개미의 곰팡이 농장에 있는 곰팡이는 다른 곳에서는 발견되지 않아요. 이 농장은 외부 세계와 단절되어 있기 때문에 다른 균류와 교차 수정이 일어나지 않지요. 개미는 새로운 식민지를 개척하기 위해 떠날 때 가장 중요한 곰팡이를 조금씩 가져가 농사를 시작해요.

76 초록색 앵무새는 초록색이 아니다

초록색 앵무새에게는 초록색을 내는 화학 물질인 초록색 색소가 없어요. 앵무새 깃털에는 노란색과 빨간색 색소만 있지요.

깃털 색이 만들어지는 방식

새의 깃털 색이 만들어지는 방식은 세 가지예요. 깃털에 색소가 있거나, 깃털에 멜라닌이 포함되어 있어 색을 더 어둡게 만들거나, 파란색 앵무새의 경우처럼 다른 색의 빛을 반사하는 깃털의 구조 때문이에요. 이 구조는 앵무새의 빨간색과 노란색 빛을 약하게 하고 대신 파란색 빛을 강하게 해요. 이것이 우리 눈에 파란색으로 보이는 이유이죠. 초록색 앵무새는 이런 깃털 구조와 함께 노란색 색소가 조금 있어요. 파란색과 노란색이 합쳐지면 초록색이 되기 때문에 파란색 깃털이 있는 앵무새가 초록색으로 보이는 거예요.

알고 있나요?

앵무새는 다른 동물에게 없는 고유한 색소가 있어요. 이를 '프시타코풀빈'이라고 합니다.

77 플라밍고는 회색으로 태어난다고?

다른 많은 새들과 마찬가지로 플라밍고도 먹이를 통해 색소를 얻어요.
플라밍고 새끼는 알에서 태어날 때 회색으로 나오지만,
새우나 해조류 같은 일반적인 플라밍고 먹이를 먹기 시작하면 분홍색으로 변해요.

분홍색 먹이 때문이 아니에요

새우는 살아 있을 때는 색깔이 없고 해조류는 청록색이에요. 플라밍고가 새우나 해조류를 먹으면 간에서 먹이에 들어 있는 카로티노이드라는 화학 물질을 분해하는데, 이 과정에서 붉은색과 주황색 색소를 만들지요. 플라밍고가 새우를 먹으면 이 색소가 깃털에 모여 분홍빛을 띠게 돼요. 플라밍고가 해조류를 먹으면 깃털이 더 진한 적분홍색으로 보이게 되죠.

78 2억 5,200만 년 전 지구상의 거의 모든 것이 죽었다

지구상에는 생명체가 멸종한 다섯 차례의 '대멸종' 사건이 있었어요. 가장 치명적이었던 2억 5,200만 년 전 대멸종 때에는 2만 년 동안 90% 이상의 종이 멸종했답니다.

모든 것에 작별 인사

바다에서는 모든 종의 95%가 죽었어요. 육지에서는 개 크기보다 큰 생명체는 살아남지 못했지요. 일반적으로 대멸종에서도 살아남는 많은 식물과 곤충이 희생되었어요. 지구는 황폐해졌으며 생명이 회복되어 다시 채워지는 데는 수백만 년이 걸렸어요.

멸종의 다양한 원인

멸종은 다양한 원인의 치명적인 기후 변화에 따라 일어나요. 대멸종이 일어난 건 아마도 200만 년 동안 지속된 거대한 화산 폭발로 인해 미국을 수 킬로미터 두께로 덮을 만큼 많은 용암이 러시아 북부의 시베리아에 쏟아져 나온 게 원인이었을 거예요. 화산재와 먼지가 하늘로 쏟아지면서 햇빛이 차단되어 기온이 급강하했고, 식물은 죽고 모든 동물도 굶어 죽었어요. 화산재와 먼지가 가라앉은 후 화산에서 방출된 가스가 지구를 따뜻하게 만들었고, 기온과 해수면은 인류가 경험한 것 이상으로 상승했어요. 적도의 바닷물은 40°C로 목욕물처럼 뜨거웠어요.

공룡은 우주에서 온 물체에 의해 죽었다

6,600만 년 전 새가 아닌 마지막 공룡을 멸종시킨 대멸종 사건은 소행성(우주 암석)이나 혜성이 멕시코 연안에서 지구와 충돌하면서 일어났어요. 이 충돌로 인해 암석과 먼지 구름이 생기고 연기가 수개월 동안 햇빛을 차단했지요. 대기 중 이산화 탄소 농도가 높아지면서 동식물이 멸종하고 지구 온난화가 일어났어요.

79 곰벌레, 가장 강한 동물

곰벌레는 길이가 0.5mm에 불과한 아주 작은 초소형 동물이에요.
몸집은 작지만 끔찍한 생활 환경에서도 살아남을 수 있지요.
어떤 종류의 환경 재앙에도 살아남을 가능성이
가장 높은 동물 중 하나랍니다.

곰벌레의 극한 생활

곰벌레는 '큐티클'이라는 딱딱한 껍질이 있어 몸에서 수분이 증발하지 않아요. 곰벌레는 어는점보다 훨씬 낮은 극한의 추위에서도 생존할 수 있으며 끓는 물에서도 살아남을 수 있지요. 먹이 없이 최대 30년을 버틸 수 있으며, 해저에서 6배의 압력을 견뎌 낼 수 있어요. 극한의 환경에서 사는 동물을 '극한 동물'이라고 해요. 곰벌레는 가장 극단적인 극한 동물이에요! 이들은 우주여행과 방사능 폭발에서도 살아남았어요.

곰벌레의 차단 활동

힘든 시기가 오면 곰벌레는 몸에서 거의 모든 수분을 짜내고 몸을 작은 공 모양으로 말아요. 그런 다음 최악의 상황에 대비해 활동량을 평소의 1만 분의 1 이하로 줄이죠. 상황이 다시 좋아지면 몸을 풀고 수분을 보충한 후 정상적인 생활을 이어 가요.

생존 능력이 뛰어난 곰벌레

곰벌레가 정상적인 활동을 하려면 물이 필요하지만, 어디서든 살 수는 있어요. 일부는 바다에 살지만 대부분은 육지의 습한 곳에 있는 이끼에서 살고 있으며, 남극의 모래 언덕과 얼음 위에서도 생존할 수 있어요. 약 5억 년 전에 진화한 것으로 추정되며, 공룡을 멸종시킨 소행성 충돌과 '대멸종'을 포함한 모든 주요 멸종 사건에서도 살아남았어요.

80 작은 굴뚝으로 덮인 심해 달팽이

이 기괴한 달팽이는 몸에서 노폐물을 배출하는 부드러운 부분을 보호하는 판을 갖고 있어요. 이 달팽이는 보호판이 육지에 사는 천산갑처럼 생겼다고 해서 '바다천산갑'이라고 해요.

살기 힘든 생활 공간

심해 열수분출구에서는 화상을 당할 수 있는 최대 300°C에 달하는 유독하고 뜨거운 물이 쏟아져 나와요. 열수분출구에는 많은 생물이 살지 않기 때문에 먹을 것이 별로 없어요. 강인한 심해 달팽이는 박테리아를 가득 담고 다니는데 이 박테리아들은 바닷물에서 화학 물질을 추출해 달팽이에게 먹이를 공급해요. 따라서 달팽이는 스스로 먹이를 찾을 필요가 없지요. 하지만 박테리아는 달팽이에게 유독한 황을 생성해요. 달팽이는 이 황을 다른 화학 물질과 결합하게 하여 비늘을 만들고, 황이 달팽이를 해치지 못하도록 안전하게 가둬 두어요.

81 가장 이상한 식물은 웰위치아라고?

최대 2,000년까지 살 수 있고 땅 위로 8.5m까지 자라는 이 사막 식물은 잎이 2장뿐이에요.

멋진 틈새

어떤 생물들은 이상한 구조나 생활 방식을 진화시켜서 매우 특정한 생활 조건이나 장소에서 살 수 있어요. 이런 곳을 '생태적 틈새'라고 해요. 웰위치아는 나미비아와 앙골라의 나미브 사막의 덥고 건조한 환경에 적응한 식물이에요. 곧은뿌리(주 뿌리)는 땅속 깊이 들어가 땅속에 있는 물에 도달하지만, 이 식물은 대부분 이슬과 안개 형태로 수집된 물에 의존하죠. 이슬을 더 많이 모으기 위해서는 잎의 표면적을 넓혀야 하므로 잎은 4m까지 크게 자라요. 가장 큰 식물이 가장 비가 조금 오는 곳에 사는 셈이죠. 두 잎은 수년간 뜨거운 태양과 바람, 모래 폭풍에 노출되어 너덜너덜해지지만, 여전히 물을 모을 수 있어요. 이 식물이 공룡 시대부터 살아남을 수 있었던 비결이 바로 이것이에요.

용어 풀이

갑각류: 딱딱한 외부와 마디가 있는 몸을 가진 동물의 일종. 많은 갑각류가 물속에 살고 있다.

광합성: 식물과 조류 및 일부 박테리아가 햇빛 에너지를 사용하여 물과 이산화 탄소에서 당과 산소를 만드는 과정.

균류: 버섯과 같이 식물도 동물도 아니며 포자를 퍼뜨려 번식하는 생물의 일종.

기관: 혈액을 펌프질하는 심장과 같이 특정 기능을 수행하는 동물 또는 식물의 신체 구조.

기생 생물: 다른 생물체 내부 또는 그 위에 살면서 그 생물체를 먹이로 삼거나 쉼터 또는 기타 이점을 위해 사용하는 생물.

꿀: 꽃이 피는 식물에서 생산되는 달콤하고 당분이 많은 액체.

단공류: 알을 낳는 포유류. 단공류에는 다섯 종의 동물이 있다.

대기: 행성이나 달을 둘러싸고 있는 가스층.

돔발상어: 작은 종류의 상어.

동맥: 심장에서 혈액을 운반하는 혈관.

마찰력: 표면이나 물체가 서로 마찰하면서 생기는 힘.

말미잘: 바다에 사는 말랑말랑한 동물. 바위에 달라붙어 물속에서 촉수를 흔들며 먹이를 잡아먹는다.

묘목: 어린 나무.

미생물: 작은 단세포 생물.

박테리아: 매우 단순한 단세포 생물.

반응: 두 가지 이상의 화학 물질이 결합할 때 일어나는 변화. 원자가 재배열되면서 물질이 분해되거나 새로운 물질을 만든다.

방사선: 파동을 이용하여 공간을 이동하는 에너지. 파동의 크기(파장)에 따라 라디오파, 빛, 엑스레이 등 에너지의 종류가 정해진다.

비료: 식물이 더 잘 자라도록 돕는 화학 물질.

색소: 식물, 동물 또는 물체에 색을 부여하는 화학 물질.

생물량: 생물체의 중량. 바이오매스라고도 함.

세포: 모든 생명체의 작은 구성 단위. 세포는 생명의 구성 단위이며, 모든 생물은 하나 이상의 세포로 되어 있다.

소화: 장에서 음식물을 분해하고 영양분(유용한 화학 물질)을 흡수하는 과정.

식물성 플랑크톤: 바다에 서식하는 다양한 종류의 광합성 미생물.

아가미: 어류나 미성숙 양서류의 옆쪽에 있는 기관으로, 동물이 물에서 산소를 섭취할 수 있게 해 준다.

양서류: 습기를 유지해야 하며 물속에 알을 낳는 동물의 일종. 어릴 때는 아가미가 있어 물속에 살지만, 성체가 되면 육지에 살면서 공기를 마신다.

자외선: 가시광선보다 파장이 약간 짧은 전자기파.

자포동물: 젤라틴이나 젤리 같은 몸을 가진 해파리와 같은 동물로, 침처럼 생긴 촉수를 사용하여 먹이를 잡는다.

정맥: 몸이나 허파에서 심장으로 혈액을 운반하는 혈관.

정전기: 표면에 쌓이는 전하. 부풀린 풍선을 스웨터에 문지르면 풍선에 전하가 쌓이는 것과 같은 이치다.

조류(algae): 광합성을 하며 보통 물속에서 사는 단순한 생물.

증발: 열을 받아 증기로 변하는 것.

진화: 생명체가 오랜 기간에 걸쳐 변화하는 과정. 생명체의 생활 조건이 변화함에 따라 새로운 조건에 가장 잘 적응한 개체가 번성하고 번식한다. 더 적합한 특징들이 점점 더 보편화되어 결국 그 유형의 생물에서 일반적인 특징이 된다.

척추뼈: 등뼈를 구성하는 뼈의 집합체.

초식 동물: 식물을 먹는 동물.

추간판: 각 등뼈 척추 사이에 있는 부드러운 쿠션 같은 디스크. 뼈가 서로 부딪히는 것을 방지한다.

콜라겐: 생체의 구조를 형성하는 단백질의 일종. 뻣뻣하거나 구부러질 수 있다.

포식자: 다른 동물을 사냥하여 잡아먹는 동물.

포자: 새로운 유기체의 성장을 시작하는 씨앗이나 수정란과 같은 방식으로 작동하는 곰팡이의 생식 세포.

폴립: 원통형의 젤리 같은 몸통과 촉수를 가진 해면동물의 한 형태. 해파리는 어릴 때만 폴립이지만 산호와 말미잘은 성체가 되어서도 폴립 형태를 유지한다.

찾아보기

갑각류 58
개미 112–113, 118
거미 58
거북 117
게 92–93
경추(목뼈) 103
계(kingdom) 9
고래 23, 27, 34–35, 48
고래목 34
곤충 88, 108
곰벌레 124
곰팡이 30–31, 118–119
공룡 123, 125, 127
과산화 수소 25
광합성 31, 51
구리 58
구아노 91
귀뚜라미 68–69
균계 9
균류 8, 14
근육 세포 66
기공 43
기린 103, 111
기문 60
기생 말벌 111
기생 버섯 112
기생 생물 65

기생충 64, 112
깃털 120
꼬리 70
꿀 24, 46, 118–119
꿀 안내선 47
꿀버섯 14
꿀벌 46, 72–73, 117
나무 50, 80–81, 106, 110
나이테 81
남극 7, 55, 95, 125
냉혈 동물 94
넙치 78–79
뇌 77
뇌세포 84
눈 99
눈구멍 99
다리 74
단공류 18
달 52–53
달팽이 26–27, 58, 126–127
대멸종 122, 125
대왕고래 14, 51
더듬이 61
도마뱀 75
도약기 6
독우산광대버섯 15

독화살개구리 93
돌고래 27, 34, 48, 73
동물계 9
두개골 45
뒤영벌 72
등뼈 102–103
등뼈(척추) 45
디킨소니아 99
디플로도쿠스 10, 38
똥 51, 52, 91
마이크로바이옴 67
마취제 36
말미잘 95
말미잘부채게 92–93
말벌 111
망막 63
머릿니 112
멜라닌 63
멸종 123
모기 40
목 44–45
목뼈 103
묘목 81, 118
무대 짓기 13
무성 생식 17
문어 58
물고기 44, 71, 88–89, 94
미각 73

미모사 36
미생물 24–25, 52–53, 54
미생물군유전체 67
민달팽이 58, 88, 117
바늘두더지 73
바다 전갈 89
바셀린 42
바우어새 12
바퀴 7
바퀴벌레 60–61
박쥐 117
박테리아 52, 55, 67, 114, 117
발굽 35
발목뼈 35
방사 대칭 79
방사선 53, 116
방패 비늘 64
배냇솜털 48
뱀 32–33
버섯 8, 14, 112
벌 72
벌레 27, 113
보라문어 93
보호복 97
복제 17
부동액 94
북극 62, 94

분수공 35
불가사리 74–75, 79
브론토사우루스 10, 38
비단뱀 33
빙산 15
빙상 55
뼈 20, 33, 77
뼈세포 66, 75, 84
뿌리 86
사슴 110
사자 82
사지형 어류 89
산소 60
산호 100
산호초 101
상어 64, 73
새똥 90
새우 121
색소 121
생물량 56–57
생태적 틈새 127
선충 113
세균역 9
세포 39, 66, 77, 84–85
소행성 53, 123
송어 117
쇠돌고래 34

130

수액 65
수정란 18
숙주 65
순록 62
숨구멍 21, 60
숲 네트워크 31
스테고사우루스 10-11
스프링테일 6
시각 73
식물계 9
심박수 23
심장 22-23, 77
심장 박동 수 22
씨앗 86
아가미 71
아열대 107
안구(눈알) 99
알 39
암석 54
애벌레 97, 108-111
앵무새 120
양서류 73, 89
어깨 45
어류 73
역(domain) 9
연골 20, 75
연체동물 58
열대 107
열대 우림 107

열매 86
열수분출구 127
영양 단계 86
오리너구리 73
오존층 89
오징어 58, 89
온도 68-69
온혈 동물 94
올챙이 27
용각류 39
우제류 35
우주 비행사 103
울음소리 68-69
원생생물계 9
원숭이 70
유대류 49
육식 동물 86-87
은하 106
은하수 106
이산화 탄소 60
인간 70
인구 107
인류 88
잎 86
자궁 49
자기장 116-117
자성 116
자외선 47
자철광 116-117

전갈 88
전기 36, 72
전기 수용 73
전기먼지구름 72
전기장 19, 73
전기파 36
절지동물 6
정맥 59
정맥벽 59
젤리 77
조류 101
좀비 개미 112
주름 115
주자성 117
주파수 41
줄기 86
줄기세포 75
지구 106
지구 온난화 123
진동 주파수 41
진딧물 16, 119
진화 33
질소 91
착생 식물 118
참치 64
척추 102-103
천산갑 126
철새 116
청각 73

체온 87
초식 동물 86-87, 111
초파리 117
촉각 73
촌충 112
코알라 49
콜라겐 63
큐티클 125
탄소 57
탄화수소 55
태아 70
털 48
톡토기 6
트리케라톱스 10
티라노사우루스 10-11
파라사우롤로푸스 11
파충류 19, 89
파키세투스 34
판 헬몬트 28
팔자춤 72
편모 77
폐기물 107
포식자 86, 99
포유류 19, 61, 65, 70-71
포자 112
폭풍구름 72
폴립 101
표면적 115

프로토택사이트 30
프리츠 하버 91
플라밍고 121
플랑크톤 51
피 61, 65
피부 59, 84
피부 세포 66, 75
해면동물 76-77, 98
해조류 121
해파리 57, 93
햄스터 23
햇빛 나누기 37
허파 77
헤르츠 41
헤모글로빈 58
헤모시아닌 58
혈액 59
혈액 세포 75
효모 8
효소 25
후각 73